El orgullo de Morelos 4: El tropel de la cárcel

Diego Castillo

LA DEDICACIÓN

En especial me gustaría dedicarle esto a todas las familias mexicanas que han sufrido a causa del narcotráfico y crimen organizado. Estoy con ustedes y cuentan con todo mi apoyo y respeto.
¡Viva México….!

ÍNDICE DE CONTENIDOS

* Este libro contiene ejemplos de argot, expresiones coloquiales y regionalismos. Hemos incluido un glosario de los términos y expresiones utilizados al final del libro.

RECONOCIMIENTOS

A mi madre, que ha sido mi roca todos estos años y me ha enseñado a vivir con integridad y valor. Por creer en mi apoyarme en todas mis altas y bajas. Gracias a ti he llegado hasta donde estoy. A mis cuatro hermanos, Juan, Luis, Hernán y Chucho que me enseñaron lo que es "ser banda" y lo que es una verdadera hermandad.

1.
EL CANON DEL CÓLERA

Corría julio del año 2001 y México continuaba en una cada vez más notable decadencia política, económica y social derivada de las reformas estructurales que el partido Alianza Neoconservadora había echado a andar. La austeridad en los barrios era cada vez más evidente, la ausencia y deficiencia de programas asistenciales era la tónica y paradigma en el que se desenvolvían día con día millones de personas. La violencia sistemática en nombre de la paz que había desencadenado el partido en el poder recrudecía los enfrentamientos entre los cárteles de la droga, las autoridades y las pandillas locales. Muchas plazas en disputa repletas de militares, policías y sicarios que se enfrentaban con lamentable constancia dejaban en claro que no habría tregua entre los sectores hasta imponerse o exterminarse.

Juan Tostado, el más reciente héroe, unificador y verdugo de la colonia Morelos, se encontraba preso en el Reclusorio Varonil Norte de la Ciudad de México, acusado del delito de asesinato doloso. No había suficientes pruebas en su contra. Sin embargo, podía ser considerado incluso un preso político, pues tanto para las autoridades locales como para el cártel oficial era ya un personaje más que incómodo para el poder que afanosamente había convertido su barrio en una necesidad hegemónica para sus aspiraciones de control pleno de la sociedad capitalina.

Juan Tostado, por su parte, trataba de sobrevivir a su presidio echando mano de todas las habilidades y mañas cosechadas en su precoz pero vasto andar delictivo. Las condiciones eran bastante adversas y decadentes dentro de prisión. La subordinación que pretendían imponerle el Hércules y el Carranza, miembros del cártel de los Xolalpa y cabecillas dentro del penal, así como los acosos por parte de los custodios, habían convertido su prematura estancia en un verdadero calvario. Juan había tratado por varios medios de formar una alianza con miembros de antaño de los calavera, particularmente con el Grifo, veterano de mil batallas en el barrio, que gozaba de respeto y lealtad por muchos reclusos y múltiples historias dentro del barrio. El Grifo era entonces la única posibilidad real que tenía Juan en prisión de sobrevivir y comenzar a forjar una estructura y célula de los calavera en la prisión.

Dentro del Reclusorio, Juan había sido obligado por sus compañeros de celda a prestar trabajos diversos tales como dar mantenimiento y limpieza al dormitorio, hacer las labores denominadas fajina que correspondían a sus compañeros, así como ser una especie de lacayo para los custodios del penal, labores que para él eran sumamente penosas y hasta humillantes, pero al ser nuevo y no contar con reputación ni alianzas, no tenía alternativa a ello y, si quería sobrevivir cada noche, era necesario cooperar.

El Grifo, por su parte, no había intervenido en dicha situación, pues aún no tenía razones de peso para considerar a Juan un incondicional y tampoco un prócer del barrio como muchos lo señalaban. Este presidiario se mantenía escéptico a dichas leyendas. Aunado a eso el hecho de que hubiese asesinado al Cráneo, quien fuera un gran amigo suyo, no lo convertían en un personaje del todo simpático para él, y dentro de prisión era necesario ganarse el reconocimiento, pero sobre todo la fraternidad y lealtad de los demás. Para ello, Juan tenía que hacer méritos, los cuales comenzaría a construir paso a paso. Sin embargo, y a pesar de las adversidades, todo se iría consolidando aquella tarde cuando, realizando su fajina, se encontró frente a frente con el Carranza en uno de los lúgubres pasillos del penal.

—¿Qué pedo, pinche Juanito? ¿Cómo vas con la fajina, cabrón? —le increpó Carranza—. Acuérdate que aún te falta chingarle en el cantón e ir a ver qué pedo con unos mandados.

—Simón, ya sé —replicó Juan Tostado—, pero aparte de esto, los pinches custodios quieren que vaya a limpiar sus galeras y todo su desmadre. Esos culeros son bien manchados.

—Pues a mí me vale madres, cabrón —dijo Carranza—. Tú eres nuestro mostro antes que de ellos, y si no te pones chingón te vamos a traer peor y hasta te vamos a reventar el hocico por pendejo. Así que aplícate y no me pongas de pretexto a esos putos.

—Wey, no mames, mejor pónganme a hacer otra cosa —pidió Juan—. Neta que yo les serviría más en otra vaina. Yo soy bueno para los putazos, y además también me la sé en el negocio de la droga, wey. Deberían darme chance de moverme en otros pedos. Esta chamba es para puro mono.

—¡Ah, cabrón! Tú sí que te sientes bien gallito, ¿eh? —sonrió Carranza—. Neta que traes el ego por las nubes, pinche plebe, pero vamos a ver si es cierto que eres tan picudo como te la das de verguero. Supongo que conoces al Grifo. Ese wey es de tu barrio y, según sé, está pesado afuera y aquí, pues es nuestra mayor competencia en el tráfico de todo. Entre él y nosotros meneamos todo el pedo aquí adentro. A pesar de que tenemos una tregua hace años, pues el sol ya no sale igual para todos. Necesito que te lo chingues y lo quites de nuestro camino.

—No mames, Carranza —respondió asombrado Juan Tostado—. Tú mejor que yo sabes que eso que me estás pidiendo está muy cabrón. Ese wey es como el Hércules, prácticamente intocable aquí adentro, y casi nadie que no sea de su completa confianza se le puede acercar. Esos cabrones son capos.

—Pues precisamente, chaval. Tendrás que infiltrarte en su organización aquí adentro, darnos santo y seña de todos sus asuntos, hacerte un nombre entre ellos y, cuando se dé el momento, darle cuello al cabrón para abrirnos paso y limpiarnos el camino para ser la hegemonía. Te vamos a encomendar esa chamba, a ver si es cierto que eres tan sabroso, cabrón. Si te chingas al Grifo, vas a ser de los buenos acá y tendrás incluso nuestra confianza y respeto. Créeme, nosotros tenemos huevos y palabra. Pero si nos traicionas, por Diosito y el patrón Malverde que esto va a ser un infierno para ti el resto de tus días. ¿Entendido, pendejo?

—Sí, Carranza, está claro —respondió Juan—.

Ahorita mismo me comienzo a infiltrar y verás que en poco tiempo le partimos la madre a ese wey y nos hacemos con todo. Seguro esto me va a costar muchos pedos, pero vámonos tendidos que esto es pa' hombres.

La cosa era bastante compleja para Juan Tostado, pues tenía que actuar con muchísima cautela para no despertar sospechas de sus verdaderas intenciones, que ni el Carranza ni mucho menos el Grifo imaginaban, pero que darían un giro de ciento ochenta grados al orden establecido en el reclusorio y serían definitivas en el devenir del hijo pródigo de la Morelos.

2.
LA FALACIA DE LA PRAXIS

Juan Tostado, haciendo caso al mandato del Carranza, se acercó esa misma tarde a la zona del penal donde solían reunirse todos los miembros de antaño de los calavera y otros integrantes de pandillas de la Morelos que controlaban la mitad del reclusorio, mientras que la otra mitad estaba en manos del Hércules y su gente. Juan se acercó sigilosamente al Grifo, con quien ya había tenido un previo y no muy afortunado encuentro en días anteriores. A pesar de ello, Juan Tostado estaba determinado a ganarse la confianza de los máximos jefes de su barrio y escalar peldaños en las estructuras, pues como él bien sabía, para ser el mejor había que codearse con los mejores, aprender de ellos y, por qué no, derrocarlos.

—¿Qué hubo, mi Grifo? ¿Cómo andas, mano, todo chingón por acá? —saludó Juan Tostado—. Te traigo un buen chisme del Hércules. Creo que te va a interesar un chingo.

—Qué tranza, pinche Tostado. Pues tú dirás, soy todo oídos. —le respondió El Grifo—. ¿Qué trae ese puto? ¿En qué va a andar o qué?

—Pues con la buena nueva que te quieren poner un cuatrote, wey —relató Juan Tostado—. Apenas me pidió el Carranza que me filtre entre ustedes y que te ponga de pechito para que te truenen de una vez y les quede el camino libre, pero obviamente yo soy calavera, wey, y calavera no traiciona a su raza. Yo estoy de este lado.

—¡Hijo de su puta madre! —bramó el Grifo—. Tenemos un pacto de no agresión desde hace años. Fue palabra de cabrones, cada quien respeta sus negocios y sus zonas. Pero vale, si ese perro quiere guerra, se va a topar con pared. ¿Estás seguro, cabrón? Porque si me estás chamaqueando, te voy a volar puto. No olvides que para mí eres un pinche piojo traidor, y no por tus pendejadas voy a comenzar una guerra a lo pendejo. Este pinche penal va a arder.

—Es neta lo que te digo, Grifo —se reafirmó Juan Tostado—, pero igual si no me quieres creer no hay pedo. A mí fue a quien encomendaron hacer la chamba de chingarte. De todos modos, no te voy a volar. Aquí el único pellejo que está en juego es el mío, así que sin pedo. Mi asunto al decírtelo es más bien para adelantarnos y comerle el pastel. Yo estoy dispuesto a fajarme de tu lado.

—A ver. Explícate, cabrón, porque si no sencillamente no entiendo.

—Pues ser infiltrado tuyo de aquel lado —expuso Juan Tostado—. Darte cuenta de cada movimiento de ellos y, de pasada, ver la forma de volarlos, por lo menos al Carranza y al Hércules, y dejarte el camino libre para el control absoluto del penal. Yo me la sé chingón, wey. Aunque no lo creas, estuve un buen rato adiestrándome con la gente del indio Xolalpa. Sé cómo entrarle al negocio y sé también como deshacerme de gente pesada. Aunque te niegues a creerlo, yo soy un wey pesado en varios lados y, si me lo permites, te lo demuestro. No por nada gente con el Lurias y el Guerrero me topan y me tienen buena leña.

—Ladras mucho, Juan Tostado —dijo el Grifo—. No sé cómo tomar eso, pero tanta seguridad tuya debe estar respaldada por algo morro, así que vamos a darte chance. Entre más info de esos putos me traigas y más vayamos avanzando en esto, más te iré tomando en cuenta. Dependerá de ti.

—Ya estamos hechos, Grifo —aceptó Juan—. Ya verás que no soy pura baba y lengua. Te darás cuenta que en mí puedes tener a un aliado cabrón.

A pesar de que, evidentemente, ni la gente del Hércules ni la del Grifo sentían plena seguridad y mucho menos confianza en las acciones e intenciones de Juan, decidieron darle voto de confianza y misiones sumamente complicadas: eliminarse mutuamente, descabezar al Reclusorio Norte e inclinar la balanza a favor de alguno de los dos. Juan Tostado volvía a tener una importante encrucijada en su vida con una responsabilidad sobre el rumbo y futuro inmediato del espacio en el que se desenvolvía, pues de eliminar al Hércules, tendría la confianza plena de sus antaños de la Morelos y sería el indiscutible caudillo del barrio, pero estaría terminando con uno de los hombres fuertes de su mecenas el indio Xolalpa, corriendo el riesgo incluso de desatar una guerra contra el cártel entero.

Por otro lado y de forma inversa, si aniquilaba al Grifo tendría el pleno respaldo de los Xolalpa dentro y fuera del penal. Sin embargo, despertaría suspicacias en el barrio al eliminar a una de sus leyendas y poner el control del reclusorio en manos de los Xolalpa. Sería considerado una traición absoluta para la Morelos y los calavera. Así, los meses siguientes serían para Juan de una extraña praxis entre la reflexión existencial de tomar partido y la habilidad para actuar sigilosamente en ambos frentes sin despertar sospechas y cumpliendo para los dos bandos. Pero Juan Tostado tenía un gran colmillo y, sobre todo, un desarrollado instinto de supervivencia construido en su precoz andar.

Durante los meses de julio y agosto, Juan Tostado fue el mejor espía de ambos bandos, llevando información trascendental que les permitía a ambos líderes prever las acciones de su contrincante y en ocasiones hasta adelantarse a ellas: entrada de mercancías, horarios, escondites, aliados, contraseñas y todo aquello que fuera de utilidad. De la misma forma, Juan era una habilidoso dealer de drogas, alcohol, cigarrillos, pornografía, armas, cosméticos, ropa, tarjetas telefónicas y hasta teléfonos móviles, y se las ingeniaba para generarle ganancia a ambos sin que se despertaran sospechas de que incluso él mismo les robaba parte de las ganancias.

Así mismo, su intrínseca violencia y dotes para la pelea le fueron ayudando a escalar peldaños en la jerarquía de los internos, pues no pasó un solo día en aquellos meses que Juan Tostado no peleara con alguien a puño limpio o con algún arma punzocortante, y de las decenas de peleas que había librado, no había perdido una sola aún. Sin embargo, resultaba camaleónico, pues en la oficialidad trabajaba para los Xolalpa, pero muchos lo seguían relacionando con la gente de la Morelos.

Dentro del penal ya se desenvolvía con mucha soltura y naturalidad. Tenía cientos de conocidos, ya no realizaba actividades menores e incluso comenzaba a tener gente a su servicio. Había ampliado los mercados de ambas bandas, introduciendo sigilosamente mercancías de ambos en el bando contrario para no despertar sospechas. A los custodios los tenía comprados duplicándoles las cuotas. Sin embargo, uno de ellos, a quien apodaban el Pecoso, parecía no estar muy en sintonía con el nuevo orden, sobre todo porque desde el momento en el que Juan ingresó al penal sentía una hedonista atracción feral hacia él. Había tratado de violarlo cuando ingresó. Su obsesión por Juan era cada vez mayor al crecer este en poder y reputación, pues eso lo volvía inalcanzable. El Pecoso siempre estaba al acecho de Juan y, a pesar de que él ya había tratado de sobornarlo en anteriores ocasiones, jamás había aceptado un solo peso. Sin embargo, todos los movimientos, negocios y estrategias de Juan eran perfectamente conocidas por el custodio. Incluso parecía adelantarse a sus acciones. Daba la impresión de tener un plan maquiavélico. Juan, de cierta forma, ya se había dado cuenta del acecho, pero no daba mucha importancia a la situación. Confiaba ciegamente en sus padrinos y se pensaba intocable a esas alturas. No podía estar más equivocado...

3.
LA DEMENCIA EN CUATRO MUROS

Una tarde de agosto, mientras Juan Tostado vigilaba por mandato del Hércules el ingreso de marihuana, cocaína y crack de los Xolalpa al penal, entre los enseres de los cuartos de limpieza fue abordado súbitamente por un interno miembro de la pandilla del Grifo, quien parecía estar un poco apurado, y le dijo:

—Juan, me manda el Grifo con urgencia —le comunicó el interno—. Dice que ese cargamento no puede pasar, que en corto lo detengas para que nuestra banda se lo chingue.

—Pero no puedo hacer eso así, de puros huevos —protestó Juan Tostado—. Luego van a sospechar los hombres del Hércules de que estoy en chanchullo con el Grifo. Ya sabe que no puede haber saqueos tan cínicamente, y yo no me puedo quemar por cualquier mamada. Necesitamos que por lo menos sea en las celdas o con los dealers, pero se supone que nadie más que yo sabe que por aquí entra la merca, así que órale wey a la chingada y dile al Grifo que luego yo parlo con él y que sus órdenes no se pueden cumplir así nomás, por capricho…

Cuando Juan aún no terminaba de dar las indicaciones al interno, entró al mismo cuarto el Pecoso sosteniendo una grabadora de mano y, con una sarcástica sonrisa y una mirada sumamente retadora, le dijo en tono socarrón:

—Así te quería agarrar, Juanito, haciendo negocios chuecos con la merca del Hércules y él ni enterado. Yo creo que ahora sí ya te llevó la chingada, rey.

—No digas pendejadas Pecoso, yo no estoy negociando nada —se encaró Juan Tostado—. Ya sabes que esta merca entra por aquí, punto. A mí no me quieras sembrar madruguetes. Conmigo eso no funciona.

—¡Ay Juanito, no mames, cabrón! —exclamó el Pecoso—. ¡Si te tengo grabado en esta cinta valedor! Aunque quieras hacerte pendejo, ya te enchufé, wey. ¿Cuánto podrá valer tu cabeza ahora? Pues no creo que al Hércules le haga mucha gracia que lo quieras hacer pendejo y que andes jugándole al chingón pactando con tu barrio cuando se supone chambeas para él. Así que yo te recomiendo más sentido común y menos bravuconería. No te pongas pendejo, chavo.

—Ok, Pecoso. Pues ¿qué chingados quieres, o cuánto quieres para darme esa puta cinta y callarte el hocico? —preguntó Juan Tostado—. ¿Billete, droga, qué te sirvo?

—¡Ay pinche Juan! Me ofendes, wey —dijo el Pecoso—. Pones en tela de juicio mi dignidad y profesionalismo como miembro del poder judicial chingao. Pero bueno, podemos ponerle precio a tu cabeza y llegar a un arreglo de caballeros. Necesitamos negociar muy bien esto. Vamos al almacén de material del reclu y allá nos arreglamos.

Juan, con cierta suspicacia pero más preocupación, rápidamente avisó a uno de los hombres del Hércules para que continuara supervisando la mercancía mientras él iba a arreglar «un pedo urgente». Por su parte, el Pecoso susurró al oído a dos internos chalanes suyos que fueron acompañándolos hasta una distante bodega en la que guardaba material de construcción y a la cual solamente tenía acceso el personal y ciertos reclusos con privilegios especiales. Dicha bodega, por cierto, era uno de los más afamados piqueteros para consumir heroína y un prostíbulo de los internos homosexuales. Era un escueto, sucio y decadente palacio del hedonismo.

Al llegar los cuatro hombres, entraron a una especie de oficina mal montada dentro de la bodega. Los dos reclusos esperaron afuera, a solamente unos metros. Juan y el Pecoso se sentaron frente a frente en un escritorio y comenzaron a negociar.

—Pues bien, Juanito, te escucho —dijo el Pecoso—. ¿Cuál es tu oferta por tu vida y por tu culo? Debe ser algo muy generoso, porque sabes que el Hércules va en serio contra sus enemigos. No tiene piedad ni consideraciones cuando alguien lo traiciona, y tú en especial jamás le has caído. Creo que a nadie en este congal le caes bien, pero si tú quieres podemos ser socios, amigos o lo que quieras. Yo te escucho y soy materia dispuesta para lo quieras.

—¿De qué mierda estás hablando, wey? —interrumpió Juan Tostado—. Dime cuánto quieres y déjate de chingaderas. ¿O prefieres que te parta tu madre y te quite la cinta a la mala? Conmigo no andes tirando indirectas, sé claro o ábrete a la chingada.

—No me hagas reír, Juan —se burló el Pecoso—. Tú bien sabes que si haces una pendejada, el único que va a perder eres tú. Aquí eres un pinche piojo insignificante. No vales una mierda ni aquí ni afuera. Eres una cagada social y yo soy intocable un representante de la ley. No le juegues a vivo y mejor ya bájale a tu nube, cabroncito. Te la voy a poner fácil, mano. Afortunadamente para ti, desde que llegaste yo te traigo un chingo de ganas. Yo no sé si a ti te gusta o no coger con hombres, pero me vale madres. Aquí todos ya saben que, cuando se me antoja alguien, me lo chingo quieran o no, y no está en tela de juicio, así que o le entras por la buena o será a la mala y a huevo.

Juan se levantó rápidamente de la silla y, con una actitud defensiva y sumamente violenta, se separó del escritorio golpeándolo con fuerza y, con un tono de notable furia, le replicó:

—No digas pendejadas, pinche joto de mierda. ¿Estás loco, pendejo, o qué te pasa? ¿En qué momento se te ocurrió que yo voy a ser tu puta? Si no lo fui el primer día que llegué y no lo he sido de nadie, ahora mucho menos, cabrón, y te lo advierto: no te quiero ver cerca de mí o te voy a matar. No es amenaza, es promesa, cabrón.

—Pues esto no es que quieras o no, pendejo… —le advirtió el Pecoso, e indicó a los dos hombres que aguardaba afuera que ingresaran y sometieran a Juan Tostado de manera enérgica—. Agárrenlo al hijo de puta, no se les vaya a soltar. Ya valió madres, por pinche gallito.

Ambos hombres trataban de someter a Juan con algunas llaves de lucha libre mientras él ponía resistencia desesperada. A pesar de ello, el Pecoso tomó un polín de madera y golpeó de manera certera en la sien a Juan, quien perdió el conocimiento por unos minutos…

Poco después, cuando Juan recobró el sentido, se encontraba amagado y boca abajo en el escritorio de la pequeña oficina, y detrás de él se encontraba el Pecoso, violándolo brutal y sádicamente, haciendo gestos de verdadero maniaco sexual y flagelando de forma grotesca el orto de Juan Tostado. Paralelamente, los otros dos individuos lo tomaban uno de cada brazo y se reían eufóricamente, disfrutando evidentemente de la escena. Juan, lleno de ira y desesperación, pensó en unos segundos la forma de librar dicha situación y, aún un poco aturdido por el golpe, logró observar que a unos metros de él, dentro de la bodega, había algunas varillas de construcción recortadas a las cuales podía llegar si conseguía soltarse de los reclusos.

Su cabeza dio muchas vueltas tratando de remembrar estrategias que lo pudiesen librar de tan lamentable situación y, después de unos minutos, por fin con un movimiento hacia atrás golpeó con su cabeza el rostro del Pecoso, quien cayó de espaldas y, casi instantáneamente, Juan jaló con su brazo derecho a uno de los hombres que lo sometía, acercando su boca al rostro del cómplice del Pecoso y mordiéndolo, arrancándole un pedazo de mejilla. El otro hombre, sumamente desconcertado y temeroso, soltó a Juan Tostado quien, iracundo, subió su pantalón y salió de la oficina rumbo a donde se encontraban las varillas recortadas. Tomó una en cada mano y se dirigió de vuelta a la oficina, en donde el Pecoso trataba de reincorporarse tras el golpe y tomar su tolete y su descarga eléctrica. Juan encajó de forma audaz una de las varillas en el esplenio del recluso al que había mordido, quien quedó completamente indefenso. Al otro cómplice le dijo con voz serena:

—Solamente te lo diré una vez, malparido: lárgate de aquí y no quiero que digas nada de lo ocurrido o te voy a cortar los huevos y haré que te los tragues. ¿Queda claro, imbécil?

Aquel hombre puso una cara tal como si hubiese visto algún tipo de demonio. Salió rápidamente del lugar sin decir una sola palabra. Una vez a solas con el Pecoso, quien miraba con mucho temor a Juan, éste se acercó con paso firme y acelerado hasta el sitio donde el custodio trataba de interponer muebles entre ellos. Juan Tostado soltó un severo golpe con la varilla en uno de los antebrazos del Pecoso, quien tiró su tolete. Juan recogió el arma y se dirigió más rápido al violador, a quien comenzó a golpear sádicamente con el tolete mientras encajaba la varilla en el abdomen del custodio. El Pecoso, bastante lastimado, trataba de incorporarse para huir, pero

Juan golpeó nuevamente ambas rodillas, ahora con el tolete, fracturando la rótula de una de ellas. El Pecoso le dijo:

—No mames, Juan. Ya estuvo, wey. Perdóname, ya me madreaste bien culero. Me perforaste algún órgano. Tengo la rodilla y un brazo fracturado, ya vamos a dejarlo por la paz. Yo no diré quién me hizo esto ni tampoco hablaré de lo ocurrido. Hagamos cuenta que no pasó nada, no seas mal plan. Me equivoqué contigo, wey, ten piedad.

—Chingas a tu puta madre cabrón —replicó Juan Tostado—. ¿Cómo te atreves a pedir piedad después de lo que me hiciste? Vas a conocer el infierno, hijo de la chingada. No conocerás la piedad, maldito. A partir de este momento considérate muerto.

Juan tomó unos lazos y comenzó a atar al Pecoso a uno de los pilares de la bodega, dejándolo de pie y sin poder mover ninguna de sus extremidades. Lo golpeó intensamente por espacio de cinco minutos hasta dejarlo casi inconsciente y con el rostro prácticamente deshecho. Posteriormente, volvió a tomar la varilla y la encajó unas quince veces en los genitales del Pecoso, quien tenía la boca tapada con su propia ropa interior y no podía emitir sonidos con sus desgarradores gritos. Juan Tostado finalmente golpeó la cabeza del custodio varias veces con un ladrillo hasta que quedó sin vida. Dio un largo suspiro, tiró el ladrillo, limpió el sudor de su rostro y escupió el cuerpo del occiso. Acto seguido, salió de la bodega con cierta parsimonia y fue a su dormitorio, de donde no salió el resto del día y la noche...

4.

EL INSIGNE CALAVERA

Agosto de 2001 fue un mes que Juan no olvidaría jamás en su turbulenta vida. El chico se alejaba cada vez más de la inocencia, si es que alguna vez conoció tal cosa. Sus facciones, su pensamiento y sus acciones engendraban rabia, una rabia que muy pronto tendría que estallar forzosamente, una rabia que era un dulce amargo, un motor condicionante de una construcción ontológica potenciada en un salvaje y contundente instrumento de odio y violencia. El rencor hacia mucha gente poco a poco denotaba una creciente misantropía que en ocasiones lo cegaba frente a sus adversarios y oponentes y lo convertía en una letal y deshumanizada máquina de matar. También esa antigua fe en la lealtad cada vez perdía más fuerza, conforme los acontecimientos crudos ocurrían en su vida. Sin duda, Juan Tostado no era el mismo niño de la Morelos que soñaba con ser el gran prócer. Sus aspiraciones parecían difusas, su existencia era cada vez más compleja, carente de sentido y absurda. A pesar de ello, Juan aún tenía sed de vida y, sobre todo, muy en el fondo, un pequeño ápice de esperanza, esperanza de cambio en su entorno, en su persona y en una vida mejor para su hermana... Para Juan Tostado, la moral estaba perdida, la ética corrompida, pero el espíritu aún latía.

Con el asesinato del Pecoso, las cosas en el Reclusorio Norte se pusieron muy tensas. De entre los internos, básicamente nadie, salvo el testigo del ataque, sabía que Juan era el responsable. Aquel episodio estaba literalmente borrado, o bien jamás ocurrió. Las autoridades del penal comenzaron a montar operativos de máxima seguridad para dar con el responsable. La vigilancia se recrudeció, las medidas de seguridad aumentaron, las concesiones se sesgaron y la represión creció por parte de los custodios. Se entraba en una especie de estado de sitio en el que todos eran culpables hasta que se demostrara lo contrario.

En ese ambiente resultaba cada vez más complicado el tráfico de mercancías y entablar negocios sucios, y la desesperación, tanto por los demandantes de productos como por las mafias, era caótica. La escasez generaba violencia y rivalidades. Las pérdidas económicas para el Hércules y el Grifo fueron las mayores desde que habían tomado el control compartido. La rapiña cada vez era más constante, las traiciones comenzaron a proliferar y los vendedores «alternativos» que mercaban lo que sus familias les llevaban comenzaron a causar estragos en ambos capos. Incluso dentro de sus organizaciones comenzaban a preponderar algunos que buscaban sacar provecho de la situación especulando con las pocas mercancías que lograban ingresar. Entre ellos el propio Carranza, que aprovechaba todos sus contactos y su condición de mano derecha y operador del Hércules.

El Carranza, que conocía de forma plena el negocio, había visto también disminuidas sus ganancias y privilegios, así que se dio a la tarea de comenzar su mina de oro personal. Mucha mercancía del Hércules entraba por distintos medios: estaban coludidos trabajadores de limpieza, de cocina, servicio médico, custodios y administrativos. Los inventarios jamás cuadraban y era lo normal, pues algunas de estas «mulas» regularmente conservaban parte de la mercancía. Eso era ya conocido por las organizaciones. Sin embargo, en ese mes dichas tajadas comenzaron a ser mayores. La explicación que el Carranza le daba a su patrón era la de la carencia y los porcentajes cada vez mayores que las mulas exigían como recaudación. Esto era parcialmente cierto y, sin embargo, era también una omisión de un nuevo arancel que el mismo Carranza implementó: un porcentaje lo conservaba él mismo.

Del total de la mercancía que entraba al penal, el veinticinco por ciento estaba siendo interceptado por el Carranza y algunos hombres coludidos en todos niveles con él. Conservaban este porcentaje y lo vendían por su cuenta a precios notablemente mayores, escondiendo los productos del Hércules hasta haber terminado su venta. Carranza había ideado una coartada perfecta en caso de ser descubierto: él tenía en mente culpar de todo a Juan Tostado, que era el otro hombre que tenía acceso a las rutas comerciales y, de cierta forma, el tercero al mando. Había pagado a muchos reclusos para que, en un interrogatorio montado, acusaran a Juan de ser él quien les había vendido las mercancías. Obviamente, dicho careo sería frente al Hércules. Así, si las cosas se ponían bravas, el único responsable y pagador del robo sería Juan, y el robo a la mafia se paga con la tortura y con la vida.

Hasta prácticamente el final de agosto el contexto

fue el mismo, y las sospechas del Hércules eran cada vez mayores e intensas, sobre todo hacia Juan Tostado, a quien jamás le había tenido confianza ni era de su total agrado por no ser sinaloense y por el poco tiempo que llevaba en la organización. Incluso en el marco de esta desconfianza, ya había ordenado a varios miembros de su organización seguir muy de cerca a Juan en todos sus movimientos. Los quería como su sombra permanente. Los espías no se le despegaban en todas y cada una de sus actividades, incluso en las personales, y por más afán no podían encontrar ninguna irregularidad, ni siquiera los vínculos con el Grifo. Parecía que Juan trabajaba con completa honradez para el Hércules. No había rastro alguno de la doble alianza de Juan.

Juan tenía perfectamente dominados sus movimientos y estrategias para no ser pillado. Incluso en ese dominio de las rutas de entrada y venta, fue él quien comenzó a descubrir la turbiedad del Carranza. Así fue como se dio a la tarea de evidenciarlo y entregarlo al Hércules. En cierta ocasión, a sabiendas de que el Carranza recibiría un cargamento de aguardiente por la zona de lavandería, Juan Tostado se ocultó dentro del área de descarga junto con dos de sus hombres y esperaron justo el momento en el que el Carranza ingresó a supervisar. Los tres se quedaron inmóviles y silenciosos, escuchando atentamente la tranza que en detrimento de la organización se estaba efectuando.

—¡Qué pasó, jefe!—dijo Carranza—. Llegó completa la merca. No quiero que me vaya a picar los ojos, que ya bastante tenemos con todos los pellizcos que le mete todo mundo. Ya sabe que lo suyo es aparte, pero no se me atasque que pa' todos sale el sol.

—¡Qué pasó, Carranza! —respondió el encargado—. ¡A estas alturas con desconfianzas! Pues si ya sabes que yo no apaño salvo cuando me regalan. Así es la ley, ¿que no? Quien lo oiga pensaría que soy la rata, y pues yo no la jugaría con ustedes pa' robar. Todo por la derecha.

—Era un decir, pues —lo tranquilizó Carranza —. Yo sé que tú eres de los de fiar. A ver, entonces sepáreme como habíamos dicho: lo que va a ser pa' mí y lo que se va a vender después. Ya dijimos que el 25 se vende al doble y todo lo demás sale al mercado hasta que se nos termine lo primero, ¿estamos? Al rato caen los dealers del Hércules y ya sabes cómo manejar todo. Estos pomos se deben encarecer para que nos dejen mejor varo.

—Entendido, Carranza —asintió el encargado—. Ya sabes que yo me pinto solo para estas ondas…

De pronto, salió Juan de su escondite junto con

sus hombres, tomando por sorpresa a todos en aquella escena y, desafiante, le dijo al Carranza:

—Eres un cabrón, pinche Carranza. Así que tú eres la pinche rata, y además me querías echar el pedo a mi ojete. ¿Crees que no me he dado cuenta la seguridad que me puso el Hércules? Seguro el pendejo piensa que yo lo estoy robando, cuando en realidad es su noviecita la que le está picando los ojos, pero ya valiste madres. Me cae que ese wey es un pendejo y se merece que lo roben. El pedo es que yo no voy a pagar por tus mamadas, mano.

—No mames Juan —replicó el Carranza—. El Hércules jamás te va a creer que yo lo estoy robando. Soy como de su familia. De hecho, soy más que su familia. Tenemos muchos años juntos en la cana. Ese cabrón jamás me haría nada. Pero a ti, a ti te odia, puto, y basta con que yo se lo pida te va a volar. Así que mejor aliviánate y vamos a hacer negocio: te doy un porcentaje de lo que salga, hacemos más grande la mina, te callas el hocico y nos ganamos una pasta juntos. ¿Cómo ves?

—No mames, cabrón. —Juan Tostado se le enfrentó—. Tú ni pareces del cártel de los Xolalpa. Yo estuve un rato en Sinaloa y la gente allá tiene muchos huevos y, sobre todo, no han perdido la lealtad. Tienen bien claro eso y tú, pinche rata, más bien hablas y actúas como un puto de los alfas. Eres una rapiña miserable. Conmigo no cuentes para tus porquerías, y no por lealtad al Hércules, sino porque también me cagas. Te voy a poner, y encantado de la vida te voy a chingar.

—¿Y qué piensas hacer, pendejo? ¿Me vas a madrear? —preguntó Carranza.

Sin terminar la discusión, Juan Tostado se lanzó a los golpes contra el Carranza, quien trató de defenderse con una pequeña navaja de mano que sacó de su pantalón. Sus hombres fueron interceptados por los de Juan, quedando así una pelea de dos. El Carranza lanzaba navajazos a diestra que hábilmente Tostado esquivaba. Se movía con mucha velocidad y astucia. A la vez que se quitaba de encima las ofensivas del Carranza, tiraba certeros y técnicos golpes en la cara de este, que paulatinamente fueron menguando la condición del sinaloense. En un rápido movimiento, Tostado logró tomar el brazo con el que sostenía el Carranza la navaja y, haciendo una llave, lo despojó del arma para proseguir doblando el brazo hasta romper el hueso. Sin soltarlo, Juan llevó al suelo a su oponente, donde tomó su tobillo y, haciendo palanca, también lo rompió.

El Carranza, completamente derrotado y fuera de combate, suplicó a Juan:

—Ya estuvo, Juan. No mames, eres un pinche

animal. Ya me desmadraste todo. No me puedo ni parar.

—Eso te pasa por culero —replicó Juan Tostado —, por querer jugarle a don chingón, pero aquí te topas con pared, puto. Ahora ya sabes lo que sigue, cabrón. Ya te cargó la chingada.

Juan montó en su espalda al maltrecho Carranza, conduciéndolo por los pasillos del reclusorio y escoltado por sus hombres hasta la celda donde el Hércules tomaba su siesta vespertina después de haber comido su célebre asado sinaloense y varios tragos de whiskey con fondo musical de la banda el Recodo…

Al llegar a la confortable celda del Hércules, Juan se encontraba muy agitado y algo agotado y, con sofocada voz, refirió:

—Aquí te traigo a tu mano derecha y confidente, Hércules. Este hijo de su pinche madre que dice ser tu amigo en realidad es una ratota. Se anda clavando merca tuya para después reventarla. Lo acabo de torcer apañando del cargamento de pomo. Tengo de testigos a unos vatos de la pandilla, por eso le reventé su madre.

—¿Te cae de madres, Juan? ¿Tienes forma de probar toda esta mierda? —preguntó el Hércules —. Tú bien sabes que a los soplones y mentirosos les va igual de mal que a los rateros, así que no te arriesgues a lo wey. Aquí si acusas demuestras.

—Ni madres, te estoy diciendo la neta y ya te dije que tengo testigos —replicó Juan—. El encargado de lavandería es el que recibía la orden de entusar la merca y después reventarla más cara. Estos weyes son especuladores y te andan picando los ojos bien gachos. Te lo puedo traer para que le preguntes.

—No, Juanito, a mí con testigos fabricados no me convence nadie. Vamos a hacer algo más interesante y fidedigno: vamos a traer a una de tus sombras a ver qué nos dice.

—¿Cómo que mis sombras? No entiendo, ¿qué es lo que dices, wey?

—Pues yo no doy ningún paso descalzo —dijo el Hércules—, y desde hace semanas te mandé vigilar por unos vatos que te han seguido el rastro en todo momento. Ellos saben a qué hora duermes, despiertas, cagas y comes, y no te hagas pendejo, que seguramente ya lo sabías. Son los únicos que pueden realmente dar parte de que no me estás mintiendo, así que de su versión depende creerte o no.

El Hércules mandó traer a dos tipos que Juan conocía de vista, pero jamás imaginó fuesen sus centinelas. Se trataba de dos miembros del cártel de los Xolalpa, uno de ellos apodado el Negro y el otro el Piedra. Ambos arribaron en unos minutos a la celda donde su jefe enérgicamente se dirigió a ellos:

—A ver, cabrones, este wey me acaba de traer al Carranza todo madreado y dice que es él el cabrón que me anda picando los ojos con la merca, pero a mí se me hace que el ojete es este pinche Tostao. Así que díganme de una vez, pa' definir y ponerle punto final al tema: ¿este vato me está chingando?

—Pues lo hemos estado siguiendo día y noche desde que nos lo mandó, jefe —repuso el Negro—, y la neta es que no hemos visto nada irregular. El Juan se ha portado derecho sin hacer pedos, es leña el morro.

—Entonces, ¿podemos confiar plenamente en él, podemos creerle que cachó al Carranza rateando mi merca? —preguntó Hércules—. Ya saben que si se equivocan será a ustedes a quienes me voy a chingar, porque además vean como me lo trae de madreado.

—Sí, jefe. Me cae que lo que dice el Negro es la neta —asintió el Piedra—. El Juan no es la rata y, pues no es meter las manos al fuego, jefe, pero pues él va por la derecha acá.

El Hércules cruzó los brazos y, con cierto escepticismo y actitud analítica, se volteó a ver a Juan Tostado y al maltrecho Carranza, y se dirigió al de la Morelos:

—Pues ya escuchaste, pinche Juan. Estos cabrones te acaban de salvar la cabeza y, de paso, te han dado un buen espaldarazo, y como esto se trata de cobrar y saldar cuentas, tendrás que hacer tu parte.

—¿A qué te refieres, Hércules? —preguntó Juan Tostado—. ¿A que yo tengo que ajusticiar al Carranza?

—Así, mero, tú tendrás el honor de hacer pagar a esta pinche rata por andar de pasado de lanza. Así es la ley, plebe.

El Carranza interrumpió, tratando de apologizar su inminente condena:

—No mames, Hércules. ¿De verdad le vas a creer a este piojoso? Tú y yo somos carnales hace mucho, hemos pasado varias aquí y afuera. ¡Este wey lo que quiere es comerte el mandado, nos quiere confrontar! No vayas a caer en su juego, compadre. Este plebe nos quiere chingar a los dos y quedarse el cantón

—Yo no confío en él tampoco —admitió el Hércules—, pero confío en mi gente, y estos cabrones que no tienen ninguna obligación de salvarle el culo al Tostao lo hicieron y sé que no me mentirían. Ellos son mi gente, así que temo decirte, compa, que ya te llevó la chingada por rata y culero, y créeme, a mí me va a doler más que a ti. A ver, Juan —continuó Hércules—, pues ahora ya te toca hacer tu parte de la chamba. Necesito que le des un digno escarmiento a esta rata, que sepa lo que significa robarle al Hércules. Y no quiero puterías, quiero ver que tan cabrón es el Juan Tostado del que tanto se habla.

—Descuida, Hércules. Yo me encargo de este pendejo —aseguró Juan Tostado. Miró a los sinaloenses que le seguían como sombras y les dijo—: A ver, ustedes dos, tráiganme un desarmador y un martillo y agárrenme a este pinche mierda del Carranza.

Los hombres del Hércules fueron a uno de los talleres y llevaron las herramientas que Juan Tostado les había solicitado. Él tomó el desarmador y les ordenó a los reclusos tomar fuertemente al Carranza tapando su boca con un paño y sostener sus brazos y manos estiradas, teniendo las falanges expuestas y a su completa disposición.

Juan se acercó con determinación y tomó una de las manos del Carranza mientras le quitaba las uñas con el desarmador que sostenía. Los gritos ahogados del Carranza seguramente serían desgarradores. Con el simple hecho de ver su aterrada mirada, los testigos podían imaginar el intenso dolor que estaba experimentando el traidor. Juan quitó una a una las uñas de las manos del Carranza, quien estaba casi desvanecido por el dolor. Al extraer la última de las uñas, Juan tomó del cuello al flagelado y le dio cuatro certeros golpes en el rostro que lo dejaron aún más descompuesto y con la conciencia bastante menguada.

El Hércules miraba con cierta enferma satisfacción lo hecho por Juan. Mientras, tirado en el suelo con la pierna y el brazo rotos y los dedos destruidos, el Carranza suplicaba por piedad y los demás presentes miraban con cierta lástima al caído.

Juan mojó su rostro con agua del grifo y después bebió un poco. Volteó la mirada hacia el Carranza y lo miró con completa naturalidad, sin siquiera inmutarse por el estado de su víctima, y tomó ahora el martillo y volvió a solicitar que tomaran fuertemente al Carranza y colocaran sus lastimadas manos sobre el suelo. Una vez acomodado el Carranza, Juan comenzó a dar sendos martillazos sobre las manos de la víctima. Por lo menos dio unos cuarenta en cada mano, las cuales quedaron casi por completo deshechas. Con cada golpe brotaba una fuente de sangre y varios pedazos de hueso. El Carranza se desmayó y Juan detuvo la tortura, tiró el martillo, limpió sus manos con su camisola y tomó el mismo desarmador que, de forma artera, cual si se tratara de la estocada de un matador de toros, encajó en el corazón del sinaloense quien, pocos minutos después y sin mucha más batalla, murió en el suelo de la celda.

Juan Tostado miró fijamente al Hércules con una mirada que ya no tenía un ápice de inocencia y asemejaba más bien a un psicópata adicto a la sangre y a los asesinatos, y le dijo:

—¿Estás satisfecho, jefe, o me faltó algo?

El Hércules, con cierta sorpresa pero mucha satisfacción, contestó:

—Nada, Juanito, eres un verdadero hijo de puta. Creo que fue justo el castigo para esta rata. No esperaba menos de ti. Ahora tenemos mucho por hacer, comenzando por entregar el cuerpo de este imbécil, así que órale, cabrones, llévense todo este cagadero y déjenme limpia mi celda, y cualquier cosa, nadie sabe nada, ¿'tendidos, cabrones?

»Bien hecho, Juan Tostado…

5.
EL RAUDO DEVENIR

La noticia del asesinato del Carranza, quien era considerado uno de los más respetados y temidos dentro del penal, rápidamente comenzó a divulgarse tanto dentro como fuera y, sobre todo, la forma tan fría y violenta en cómo Juan lo había hecho. Su nombre resonaba entre conocidos y desconocidos, y su leyenda comenzaba a forjarse con base en el terror y miedo que las sanguinarias peripecias de Juan Tostado despertaban entre la comunidad del penal. Inclusive los más violentos sentían cautela por el de la Morelos, y el respeto a su nombre se volvía una constante.

Para Juan, los días encerrado resultaban eternos y cada vez se hacía más difícil ocultar su épica alianza dual con el Grifo y el Hércules, sobre todo por lo mediática que ya era en esos momentos su estancia en el Reclusorio Norte. Las miradas y oídos de muchos reos y autoridades estaban puestas en él. Así mismo, el Hércules le daba cada vez más autoridad y confianza en su organización. Básicamente estaba ocupando el lugar del Carranza. En cuanto a los asuntos con el Grifo, estos también eran cada vez más prometedores, pues el hecho de haber terminado con una de las cabezas de sus rivales y tener al segundo al mando de su lado les daba todos los argumentos y expectativas para tomar el control completo del penal, y eso lo posicionó como uno de los hombres fuertes también en el bando de los internos de su barrio.

Sin embargo, para Juan Tostado la única meta que le quitaba el sueño era la idea de fugarse del presidio y volver a la Morelos. Ese era, sin duda alguna, su máximo y quizá su único esmero. La vida en prisión había sido sumamente complicada, y él mismo sentía cómo paulatinamente su humanidad iba siendo cada vez más acorde a la feralidad del entorno delictivo. Cada vez asesinaba con más sangre fría, con más salvajismo, y sentía menos remordimientos de acabar con vidas humanas. Su empatía hacia el otro iba desapareciendo con el paso de los días y de los acontecimientos. El Juan que se estaba formando en este infierno de concreto distaba mucho del que no muchos meses atrás soñaba con ser el ícono y prócer de su barrio. Para Juan Tostado, la vida tomaba un vuelco que jamás imaginó conocer a tan tierna edad.

Dentro de las pocas personas a las que Juan seguía estimando y considerando uno de sus guías, referentes y amigos, y probablemente hasta figura paterna, estaba el Guerrero, quien procuraba visitarle con frecuencia, estar al tanto de sus necesidades y darle cierto «confort» en su desafortunada estancia. El Guerrero trataba de mantener a Juan con los pies en la tierra y constantemente le recordaba a su hermana, buscando reconfortarle y, sobre todo, ablandar un poco su ya casi inexistente sentimiento de empatía filantrópica. Esas visitas eran, sin duda, el único bálsamo para su torrencial vida y una constante inyección humanizante.

A inicios del mes de septiembre, Juan Tostado y el Guerrero tuvieron una charla en la cual el aún adolescente dejó muy claro cuál sería su rumbo paradigmático a corto plazo y cómo prepararía el camino para su vuelta a la Morelos, para lo cual necesitaba del completo apoyo y respaldo de su gente y, sobre todo, de su pandilla, los Calavera.

—Hola, Juan. ¿Cómo va todo? —le preguntó el Guerrero—. Me enteré del asunto con el

Carranza. En el barrio todos se enteraron, también gente del cártel de los Xolalpa. Debes andar al tiro, Juanito, si le vas a dar el volteón al Hércules se puede calentar la cosa afuera, y ahorita no nos conviene echarnos a la yugular a nuestros pocos aliados.

—Simón carnal, yo sé que puede valer madres afuera con alguna jalada de aquí —respondió Juan Tostado—. Tendré que pensar una forma de poder restarle poder a los Xolalpa aquí adentro sin que el cártel lo tome como una cuestión personal. Creo tener la fórmula para lograrlo.

—¡Ah, chingá! —exclamó el Guerrero—. ¿Y qué tienes en mente? Eso parece estar muy cabrón, poder fregar al Hércules y no levantar desmadre con el cártel. Me intrigas, Juan, pero sé que eres capaz. Ya sabes que cualquier cosa que necesites, acá estamos respaldándote.

—Gracias, carnal. Pues sí voy a necesitar varias cosas, las cuales ya te estaré informando en su momento. La neta, no tengo pensado estar mucho tiempo más aquí, wey. Estas condiciones me están volviendo loco. Necesito volver al barrio y abandonar este infierno. Pensé que era más fuerte, pero la neta me está pesando mucho. Está muy cabrona la cosa aquí adentro, neta.

—Lo sé, carnal, la cana es muy cabrona, pero yo creo que la fuga no es buena idea, wey —advirtió el Guerrero—. Te volverás prófugo y esos cabrones estarán día y noche chingándote. Es probable que la situación se ponga aún más tensa en el barrio de iniciarse la búsqueda. Ahí será al primer sitio dónde irá la tira. Tendríamos que buscar un lugar para que no te puedan hallar esos ojetes, aunque estaría cabrón ocultarte mucho tiempo. Quizá una opción sería que te fueras a Cuba con tu carnalilla. ¿Qué te parece esa idea?

—¿Lo dices en serio carnal? —exclamó Juan—. Pues no mames, a mí me encantaría irme de aquí y poder estar con mi carnalita, estar en un lugar tranquilo, poderla cuidar, ir a la escuela y dejar de una vez toda esta mierda. La neta, me gustaría mucho eso.

—Pues no se hable más, carnal —le dijo el Guerrero—. Vamos a ir arreglando las cosas con el indio para que, en cuanto te chispes de aquí, te vayas para allá, y pues, hay que tramar lo de tu fuga. Los carnales que están adentro te pueden echar la mano, y aquí afuera nosotros también moveremos todo lo necesario para que sea así.

—Va, carnal, confío en eso—respondió Juan Tostado—. Yo aquí le seguiré chingando para cumplir los objetivos y empoderar al barrio, como habíamos quedado. Poco a poco también iré consolidando la fuga. Ya verás, Guerrero, lo daré todo por el barrio para poder irme en paz…

Al interior del reclusorio norte la rivalidad era

cada vez más creciente entre los bandos del Hércules y el Grifo, y Juan tenía la encomienda personal de llevar a tal punto dicha rivalidad que se colapsara la situación y se desencadenara un enfrentamiento definitivo que llegase a la eliminación fáctica de uno de los dos. Propiamente, Juan se inclinaba a favorecer a su barrio. Sin embargo, el vínculo que lo unía con el cártel Xolalpa también era grande, y su plan de huir incorporaba mantener intacta la relación de amistad con el indio Xolalpa. Esta dicotomía lo mantenía intranquilo y, sobre todo, con la cabeza dando vueltas todo el día, ideando la estrategia para mantener la fraternidad entre el cártel y el barrio. Sin embargo, todo era una bomba de tiempo.

Una veraniega tarde de septiembre, a Juan se le ocurrió que era momento de enfrentar a los dos bandos sin despertar sospechas de su participación y garantizar su hegemonía dentro de ambos grupos. Aprovechando que tenía el conocimiento y dominio pleno de todas las rutas de tráfico en el penal, hizo coincidir en tiempo y espacio dos ingresos de mercancía de ambos grupos mafiosos para desencadenar el choque que tanto se venía cocinando. La riña fue intensa y se dio con un saldo de varios heridos y una notable molestia de los dos líderes, quienes, al sentirse traicionados, inmediatamente ordenaron buscar una pronta venganza, pues ambos pensaban que el rival había sido el responsable, rompiendo un antaño pacto de no agresión, lo cual generó un ambiente de violencia y fin de una larga tregua que se había respetado por muchos años. Los encuentros comenzaron a volverse comunes en todos los pasillos, dormitorios, patios, baños y comedor del penal. La guerra en el Reclusorio Norte había comenzado.

6.
LA POLIFONÍA DE LA VIOLENCIA

Juan Tostado tenía que tomar de una buena vez partido por uno de los dos grupos. Estaba ante el momento que tanto había tratado de retrasar y evitar. Su determinación, como era de esperar para muchos, se inclinó hacia su barrio. A pesar de no tener la mejor relación con el Grifo, detrás de él se encontraba todo su pasado, sus amigos, su familia, su identidad, sus raíces y todo aquello que finalmente lo hacían ser, lo significaban dentro de ese confuso cosmos cada vez más incognoscible para su pueril edad y precaria condición humana.

El Grifo y Juan se encontraron en aquel álgido y tenso momento. Ahí se sellaría el fraterno y al parecer decisivo pacto con el que la Morelos y sus aliados tomarían el control del Reclusorio, sometiendo no sólo a la peligrosa gente de los Xolalpa, sino técnicamente a todos los grupos antagónicos a sus intereses. En dicho encuentro, el compromiso de Juan Tostado fue incondicional. Además del Grifo, estuvieron presentes el Lurias y varios integrantes de las más legendarias pandillas del centro de la Ciudad de México, míticos delincuentes quienes llevaban décadas en la prisión y de los cuales no solamente se contaban leyendas en las calles, sino que algunos de ellos eran incluso protagonistas de novelas redituables y exitosas de las cuales ni siquiera tenían conocimiento. La charla fue breve, pero intensa.

—Bueno, Grifo —dijo Juan Tostado—, como ya lo sabemos, esto tiene que estallar de una buena vez. Están todas las condiciones puestas sobre la mesa para que valga madres. No debemos dejar pasar esta coyuntura de caos. Vamos a actuar en caliente y poner en orden el reclu.

—Me parece chingona tu actitud, Juan —asintió el Grifo—. Esta guerra debe llegar a su fin. Esta rivalidad se salió de control y es nuestro momento de treparnos a la cima del poder. Esos cabrones están debilitados moral y físicamente. Además, el Hércules se ha quedado sin mano derecha y la que tiene batea de este lado. Tenemos todo para aplastarlos y someterlos.

—¡A huevo que sí Grifo! —exclamó Juan

Tostado—. Hoy mismo debemos emboscarlos y terminar con la división en el poder. Yo creo que incluso podemos subordinar al Hércules. Viéndose acorralado, no creo que ponga resistencia. No tendrá opción ni escapatoria.

—No, Juanito —le rebatió el Grifo—. La cosa debe ser más radical, no seas tan verde. Ya no podemos arriesgarnos a una nueva traición. Esta vez nos lo debemos chingar, únicamente así su gente hará escarmiento y bajarán la guardia. Dejar vivo al Hércules significará dejarlos con cabeza y con el peligro latente de que se rebelen. No nos podemos dar ese lujo. Es todo o nada, carnal.

—Pues creo que es peligrosa esa decisión, Grifo. Recuerda que en el barrio hay tregua entre el cártel y las pandillas. El Hércules es muy compadre del indio. Yo creo que eso metería pedo en toda la alianza y terminaría por llevar la guerra al barrio, y de por sí allá las cosas están bien calientes con la tira y con los alfas. No creo que sea tan buena idea, Grifo.

—Qué blandito resultaste, Juan —se burló el Grifo—. No mames, parece que estos meses aquí no te han enseñado ni madres. Debes entender que la cosa aquí y en el barrio es muy diferente. A pesar de que el apoyo de los de afuera es fundamental, aquí adentro las reglas cambian. Aquí mandamos nosotros. Cuando salimos somos una mierda sin valor para la gente de afuera. Algunos de nosotros incluso no tenemos deseos ni aspiraciones de estar allá. Tenemos tantos años aquí que ya no sabríamos cómo vivir fuera. Aquí somos alguien, tenemos poder, tenemos respeto. A pesar de las barreras físicas, seguimos luchando por la libertad mental y en esta caverna somos reyes, somos dueños de nuestro propio destino. Así que no me vengas con pretextos de lo que puede pasar afuera —continuó el Grifo—, pues a nosotros esa realidad no nos pertenece. Esa alianza no nos afecta mientras aquí tengamos la hegemonía y el poder, y tú, Juanito, también vas a estar muchos años aquí, así que yo en tu lugar me iba acostumbrando a la calidez de este calabozo y, sobre todo, me acostumbraba a las reglas de la cana.

—Pues no estoy de acuerdo —dijo Juan Tostado —, sobre todo en la parte de acostumbrarse a vivir como rata encerrada. Yo hallaré la forma de largarme pronto de aquí. Pero mientras eso sea, yo tengo un compromiso contigo y con el barrio y me voy a cuadrar a mi palabra y al trato que tenemos, y cumpliré tus órdenes.

—Pues eso espero, Juan —dijo el Grifo—. Espero que hoy se escriba con letras doradas tu nombre en esta prisión y que tu puntual accionar nos dé la gloria.

Esa tarde, Juan Tostado cuadró todo para hacer

coincidir a algunos de los sicarios del Grifo con varios de miembros más importantes del grupo del Hércules. Esto se daría en el marco de una supuesta junta para finiquitar los enfrentamientos y restablecer la añeja tregua. A pesar de la desconfianza del Hércules, Juan logró persuadirlo, argumentándole que presionarían a la gente de la Morelos y que estos accedería a las peticiones y exigencias, dejando el camino abierto para la hegemonía sinaloense. La única razón por la cual el líder de los Xolalpa en el Reclusorio Norte aceptó y creyó los argumentos de Juan Tostado fue por su significativa muestra de lealtad al denunciar al Carranza y la estoica forma en la que lo ejecutó.

Finalmente se presentaron los principales líderes sinaloenses en uno de los jardines menos vigilados del Reclusorio. Dicho bando, encabezado por el Hércules, también tenía miembros de mucho renombre y tradición en el cártel, como el Panqué, el Pelón o el Mazatleco, así como sicarios de comprobada capacidad como el Simón, el Serrano y el Gringo. Era, sin duda, la élite de los Xolalpa en el penal. Por su parte fueron enviados los más sanguinarios y letales sicarios de la Morelos y de los barrios del centro. Miembros tan insignes como el Picudo, el Talachas, el Caníbal y el Segovia fueron los elegidos por el Grifo para la cacería.

Todos los sinaloenses parecían relajados. Se acomodaron en un semicírculo, dejando perfectamente guarnecido a su líder, y situaron un par de halcones observando de lejos. Los sicarios llevaban picahielos, desarmadores, navajas y abrecartas, armas comunes en el penal. Todos fumaban, esperando el arribo del Grifo y sus lugartenientes. La cosa sería muy diferente.

Juan se acercó al Hércules y le dijo:

—Pues aquí hay que aguantar. Seguro no tardan. A mí me confirmaron más tardar a las siete, seamos un poco pacientes.

—Pues tiene quince minutos para llegar —amenazó el Hércules—. Si no, a la chingada y que siga la guerra. Nosotros no estamos como para andar mendigando nada.

—Pierde cuidado —lo tranquilizó Juan Tostado —. Esos weyes tienen palabra y ni deben tardar. Mira, de hecho ahí viene el Caníbal. Seguro viene a decirnos que ya no tarda el Grifo.

El Caníbal se acercó con los otros tres sicarios de la Morelos. Antes de acercarse demasiado al Hércules, fueron detenidos por los sicarios sinaloenses poniendo una barrera corporal y dejando ver sus armas blancas. Los de la Morelos rápidamente sacaron sus afiladas armas y arremetieron contra los sinaloenses. Antes de que los halcones pudieran dar aviso al resto de la pandilla de los Xolalpa, aparecieron unos 30 hombres del Grifo que atacaron a cuanto sinaloense se les cruzaba. El Caníbal arrojó una navaja a Juan diciéndole:

—Órale, cabrón. Ya tienes a ese wey, quiébratelo.

Juan Tostado empuñó la navaja y, con gran determinación, avanzó hacia el Hércules, quien intentaba protegerse y salir bien librado de la trifulca. Se escurría entre ambos bandos hasta que finalmente fue interceptado por Juan, quien sarcásticamente le dijo:

—Ni hablar, Hércules. Ya chingaste a tu madre.

—No seas pendejo, Juan —le contestó el Hércules—. Si me matas, solo sacarás la guerra de esta prisión llevándola a tu barrio y la harás más grande, tú lo sabes. Además, mi muerte no va a garantizar la paz aquí. La mafia, cualquiera que sea, es una maldita hidra: cortas una cabeza y le salen más y mucho más peligrosas y violentas. El fuego no se apaga con fuego. No hagas una tontería de la que te puedas arrepentir y jodas todo.

Juan, ante estas palabras, reafirmó lo que ya sabía, y su bien dotado brazo fue perdiendo fuerza y determinación asesina. Sin embargo, a pesar de que Juan había decidido no liquidar al Hércules, el Segovia no opinaba lo mismo y, sorpresivamente, le clavó por la espalda al Hércules cuatro puñaladas en la nuca, arrojando el maltrecho cuerpo a los brazos de Juan

Tostado, quien miró inmóvil cómo el sicario se perdía entre el barullo de reclusos. El cuerpo del ya fallecido Hércules cayó a los pies de Juan Tostado quien, por el shock, no se percató de los múltiples silbatazos que anunciaban la llegada de los custodios, quienes trataban de capturar a todos los participantes de la riña, que para entonces ya era una masacre de sinaloenses. Dos custodios tomaron a Juan por los brazos y, con un fuerte toletazo en la cabeza, lo dejaron inconsciente para llevarlo con rumbo a una celda especial, donde tendría que aguardar para dar cuenta del asesinato del Hércules.

Los días subsecuentes fueron aún más tensos para todos en el Reclusorio Norte, pues la vigilancia, que de por sí ya estaba en un estado superlativo a causa del asesinato del Pecoso, se incrementó con este nuevo y masivo derrame de violencia. Muchos de los participantes de la riña, unos siete aproximadamente, estaban siendo juzgados por los asesinatos de los sinaloenses, incluyendo obviamente a Juan Tostado, a quien se le adjudicó la autoría de la muerte del Hércules. La tensión también traspasó los muros del penal. La noticia rápidamente se esparció en muchos barrios de la ciudad, incluyendo, claro, a la Morelos. Y no sólo eso, también llegó a oídos de las altas esferas del cártel de los Xolalpa. En ese sentido, fue el Camaleón, el líder de la organización en la ciudad, quien informaría a las cabezas del cártel sobre el acontecimiento. Finalmente fue el Mixe, un viejo conocido de Juan Tostado, quien, en una tensa llamada telefónica, le haría saber al indio Xolalpa lo ocurrido en el enfrentamiento de internos.

—¿Cómo estás, plebe? —saludó el indio Xolalpa—. Gusto saber de ti. ¿Qué noticias hay? ¿Cómo va todo por allá?

—Pues no muy bien, patrón —respondió Mixe—. Hay una mala noticia. Hubo una broncota en el penal de la Ciudad de México, en el reclu Norte.

—¡Ah, cabrón! —exclamó el indio Xolalpa—. ¿Cómo está eso? ¿Pues no es ahí donde está guardadito mi compadre el Hércules? ¿Pos qué pasó?

—Pues precisamente el asunto tiene que ver con él y con un viejo conocido nuestro, con Juan Tostado —dijo Mixe.

—¡Ah, su madre! ¿Pos qué tiene que ver el Juanito con mi compadre el Hércules? —inquirió el indio Xolalpa—. Este sí debe ser un buen chismezote, por los protagonistas. A ver, dime pues, que ya me dejaste intrigado. No pensé que se conocieran esos dos.

—El Juan anda recluido desde hace algunos meses en el Norte —explicó Mixe—. Parece que lo clavaron por matar unos tiras. Ahí estuvo jalando del lado del cártel, pero hace unos días hubo un trenzón y el Tostao apuñaló en el pescuezo al Hércules.

—No seas cabrón, pinche Mixe, deja de hacer bromas pendejas —dijo enfadado el indio Xolalpa—. Ya sabes que no se puede jugar con eso. ¿Cómo que el Juan anda en cana y no supe? Y peor: ¿cómo que mi compadre está muerto y que fue el Juan? ¿Qué pendejadas son esas?

—Como lo escucha, patrón —dijo el Mixe—. Así merito fue al Juan. Lo metieron por un trenzón con la tira allá en su barrio y, según sé, la pelea entre los nuestros y su barrio fue por el control del reclu, y pos el Juan le saltó por los suyos y se chingó al Hércules.

—¿Cómo es posible que haya pasado eso? —preguntó asombrado el indio—. Pinche Juanito ya ni la chinga. Seguro sí sabía que el Hércules, que en paz descanse, era mi compadre. Seguro parlaron ahí en la cana, y se me hace bien pasado de lanza de su parte haber volteado bandera de esa forma. Y si fue así, a la mala, ni modo tendrá que pagar el cabrón escuincle. Eso no se hace, y menos cuando le hemos dado todo el respaldo a él y a su mugroso barrio, chingado Tostao. Si quiere y buscó guerra la va a encontrar, pero desafortunadamente para él la desencadenó en el lugar menos indicado. Yo, como amigo, soy leal e incondicional, pero como enemigo soy peor que el pinche diablo.

—Está bien, patrón, lo que usted ordene que hagamos lo hacemos a una voz —asintió Mixe—. ¿Quiere que nos lo chinguemos? Ahorita mismo lo mandamos volar en el reclu y acabamos con todo su barrio y su gente.

—No, Mixe, no te me alebrestes tan bronco —lo detuvo el indio Xolalpa—. Vamos a esperar un poco. La venganza llegará en su momento y con quien más le duele…

La plática continuó. Sin embargo, la suerte estaba echada. Juan Tostado y los calavera tenían enfrente a un enemigo más letal que los propios alfas.

Por otra parte, Juan había sido incomunicado y aislado como reprimenda por el asesinato. Así mismo, se comenzaba un nuevo proceso en su contra por el homicidio del Hércules, lo cual hacía aún más complejo su caso. Para las autoridades del penal y los enemigos políticos de Juan Tostado era una oportunidad excepcional de condenarlo a cadena perpetua y deshacerse definitivamente de él, pues de resultar culpable, por lo menos tendría una pena total de sesenta años. Sin embargo, su barrio estaba en plena disposición de actuar en su favor y dar el respaldo que tanto necesitaría para completar su tan esperada fuga, la cual tendría que ser perfectamente planeada por sus aliados de adentro y afuera.

7.
EL QUID DEL SER

Aquellas semanas de aislamiento forzado fueron nuevamente un severo golpe para la conciencia y psique de Juan. La ausencia de libertad hacía que su mente diera una y mil vueltas en torno al sentido de su existencia y la razón de ser de todos los actos que lo había conducido a aquella lamentable situación y a la realidad que estaba experimentando. Sus dudas eran múltiples, pues lo que él soñó hacía unos años no era nada parecido al presente: el pequeño Juan Tostado imaginaba una vida de lujos, placeres, poder y privilegios. Se cuestionaba el valor mismo de su existencia y fama a costa de tanta sangre de gente cercana a él, de familiares, de amigos, de enemigos y personas ajenas a sus intereses. Sus reflexiones eran prolongadas y atroces para su parsimonia y estabilidad emocional. Esas tardes del prematuro verano recitaba continuamente sendos soliloquios que le hacían dudar de él, del otro, de la realidad, del todo:

—¿Qué pedo, Juan? ¿Cómo carajos llegaste a todo esto? ¿Es de verdad la vida que te imaginaste? ¿Es lo que soñabas de morro? Yo creo que todo se está yendo a la mierda. Nada está saliendo de acuerdo al plan y tú estás en un hoyo por pendejo.

»Sinceramente te lo mereces. ¿Qué necesidad tienes de estar aquí? ¿Qué necesidad tienes de todo esto? Si bien tu madre te lo decía, cabrón: «Estudia, sé alguien en la pinche vida. No seas como el pendejo de tu padre» y ves, no la escuchaste. Pensaste que solo te quería joder, ¡y ahora te das cuenta de cuánta razón tenía, y qué lástima que ya no esté contigo, qué lástima que por tus tonterías esté en el cielo! Pero te lo mereces, Juan Tostado. Te mereces esto y más. Te mereces una vida tormentosa y un final de mierda.

»¿Qué buscas ganar? ¿A qué quieres llegar? ¿A quién quieres convencer? ¿En qué te quieres convertir? Yo creo que a estas alturas ya ni tú mismo lo sabes, Juan, y lo peor, no sabes para qué seguir con todo esto. Mejor ya tira la toalla, cabrón, bájale al desmadre, cumple la condena y llévatela relax —se decía por momentos. Minutos más tarde lo asaltaba nuevamente el encanto pandillero y el esmero de la potencialidad de llegar a ser, y retomaba la tónica aventurera y audaz que lo habían conducido a convertirse en el icónico y nobel prócer de su barrio—. Pero ¿en qué pendejadas estás pensando, Juan? Tú estás aquí para ser grande, para ser el mejor del barrio. Tú eres quien va a dar poder y hegemonía a los calavera, y harás de la Morelos el barrio más importante del país, incluso por encima de amigos o enemigos que se quieran interponer a esa realidad.

»Ya has hecho los méritos, ya has acabado con rivales de mucho peso, ya has marcado tu nombre en la historia del barrio. Te falta poco, estás muy cerca y solamente depende de ti dar el paso grande. Si te escapas de este mierdero, pronto regresará el orden al barrio y lo podrás limpiar, pero eso ya lo irás maquinando. También tendrás tiempo para irte lejos y pasar una vida tranquila junto a Carmelita, ya sea en Cuba o en otro lugar donde nadie los conozca, donde puedan comenzar a construir su paz. Pero para que eso suceda, no debes soñar solamente. Le debes chingar, debes ir paso a paso y el primero será este. Así que arre, Juan Tostado, levanta tu orgullo, tus huevos y tu carácter, que nadie hará nada por ti a menos que te lo ganes, y necesitas moverte aquí adentro ya…

Al parecer, la suerte estaba echada y Juan había tomado una decisión clara, pero las cosas no dependían solamente de él.

En cierta visita que realizó el Guerrero al Reclusorio Norte a finales del mes de septiembre para ponerse al tanto de los pormenores de la estancia de Juan y los rumores sobre su nueva situación jurídica, el Guerrero no se reunió con el joven calavera. El encuentro fue con el Grifo, un antiguo amigo y compañero suyo de peripecias pandillescas, con quien tras el encuentro acordó la forma de proporcionar todo el apoyo y facilidad para consolidar la fuga y cumplir con la parte del trato que se había acordado.

—¿Cómo estás, viejo amigo? —saludó el Guerrero—. Una vez más nos encontramos como tantas veces en antaño. ¿Cómo te ha tratado la vida en esta selva?

—Pues bien, carnal —respondió el Grifo—. La verdad, no me quejo, mi estimado Guerrero. Este calabozo se ha convertido en mi casa y pues, gracias a las buenas labores de nuestro querido Juan Tostado, ahora seré la máxima fuerza y poder absoluto aquí. Nuestro barrio está en la cúspide, mi hermano. Lo que por años estuvimos maquinando ahora es una realidad.

—Me parece a toda madre, carnal —respondió el Guerrero—, pero justo hablando de Juan, ¿qué sabes de él? Me dijeron que no puede recibir visitas y que se lo quieren chingar por el asesinato del Hércules.

—Pues sí, eso es lo que se dice, carnal —asintió el Grifo—. Si se lo chingan, se va a quedar un buen rato con nosotros, pero créeme que nada le va a faltar y será uno de los fuertes aquí adentro. El Juanito me ha llenado la expectativa.

—Qué chido que lo consideres, wey —dijo el Guerrero—, pero hay otros planes para el Juan, Ese wey está aquí por un sacrificio que hizo por el barrio y aquí adentro hay vuelto a ayudar para que nos levantemos y posicionemos como los meros chingones, pero ahora debemos cumplir nosotros nuestra parte.

—Ok, me parece justo —aceptó el Grifo—, aunque es una lástima que no se quede el morro más tiempo por aquí. Te aseguro que tiene un futuro prometedor y pronto se puede convertir en una de las cabezas más importantes, pero está bien. ¿Qué hay que hacer por el Juan?

—Pues tenderle la cama para que pueda escaparse —explicó el Guerrero—. Sé que eso para ti no será mucha bronca. Tienes muchos contactos adentro, solamente necesitamos que los custodios no intervengan. Y pues, una vez afuera, nosotros nos encargamos del asunto. El Juan incluso se quiere ir del país y es lo que vamos a arreglar.

—Órale pues, qué así sea, cabrón —dijo el Grifo

—. Vamos a tirarle el paro. Pero, para empezar, necesito arreglar todo aquí, y ustedes coordínense chido para que no haya falla cuando lo chispemos.

—De eso yo me encargaré, mano…

Las semanas siguientes, el Guerrero recolectó dinero entre todos los miembros del barrio de la Morelos para poder pagar sobornos a custodios y autoridades en la prisión y conseguir la fuga de Juan Tostado. La solidaridad fue plena: pandilleros, comerciantes, vecinos, prostitutas y amigos de Juan aportaron diversas cantidades de dinero. Así mismo, se destinó una parte de la venta de droga y ganancias de los bares y prostitución de los miembros de los calavera. Era evidente el aprecio y gratitud que mucha gente en la Morelos sentía por su hijo pródigo, y también el fervor con el cual esperaban ansiosos su regreso.

El Guerrero también tenía que explorar las circunstancias con los Xolalpa, pues la muerte del Hércules había calado hondo en el ánimo de los sinaloenses y los calavera no tenía certeza de cuál sería su reacción. El diálogo lo entablaría el Alucín con el Camaleón, buscando «calar» el terreno y estructurar la estrategia más conveniente en el caso de que la gente del indio tomara personal el asesinato, que a esas alturas se le seguía achacando a Juan Tostado. Dicho encuentro se efectuó en el salón Infierno y, tras varios minutos de charla entre ambos, la respuesta que dieron los Xolalpa fue muy sorpresiva para la gente de la Morelos.

—¡Qué tranza, Camaleón! —exclamó el Alucín—. Supongo que ya estás perfectamente enterado de lo que pasó en el Norte. No sé cómo lo haya tomado tu gente, pero nosotros andamos bien apenados y sacados de onda por el asunto. Así que dile a tus patrones que, a nombre del barrio, les pedimos una sincera disculpa, mano.

—Pues está cabrón —respondió el Camaleón—. Ya sabes que el Hércules era bien allegado al indio, pero las órdenes que me han dado es que no se modifique la relación con el barrio y que, al tratarse del Juan, tengamos consideraciones. Así que no falla, compa.

—¿Neta, cabrón? —preguntó el Alucín—. Pues qué sorpresa. Yo, la verdad, pensé que el indio estaría iracundo y con sed de venganza, pero supongo que, por tratarse de Juan, está haciendo la excepción. Pero entonces, ¿seguimos igual? ¿Queda intacta nuestra alianza y, obviamente, los negocios?

—Son las indicaciones que se me dieron —dijo el Camaleón—, y nuestro enemigo seguirán siendo los alfas, no ustedes. Así que la alianza está intacta…

El Alucín dio la noticia al Guerrero. Eso sin duda

les dejaba con un clima de tranquilidad, al saber que no tendrían que enfrentar a tan difícil rival, pues las cosas en la Morelos seguían muy complicadas con los acechos de la policía y el contundente avance de los alfas, quienes de a poco estaban posicionándose en varias colonias del centro de la ciudad. La resistencia había sido tenaz. Sin embargo, daba la impresión que los calavera se debilitaban extrañamente, no en número pero sí en espíritu.

Una vez reunida la plata para los sobornos, el Guerrero comenzó a planear la huida de Juan Tostado. Todo tendría que ser perfectamente sincronizado. Sería necesario para tal cometido pagar a prácticamente todas las esferas del penal y, al tratarse de un preso «encargado» por el Estado, dichas cuotas serían mucho mayores. Sin embargo, en México nadie se resiste a cañonazos de billetes, y los derechos y privilegios son para quienes pagan por ellos. En ese sentido, a los calavera no les preocupaba el futuro de Juan. Sin embargo, había muchas cuentas pendientes y enemigos con los que aún había muchas cuentas que ajustar, y ese era el principal reto para Juan y sus aliados: salir bien librado de tan adversa situación.

Se consiguió sobornar al menos a ocho custodios, quienes permitirían la salida más o menos libre de Juan, la cual sería hecha de la forma más descarada al simplemente cambiarse de ropa con un atuendo de trabajador de la cocina del penal. Así mismo, se tenía que pagar a algunos empleados de la cocina y a guardias de los accesos para evitar cualquier contratiempo. Prácticamente todos aceptaron el dinero y, quienes no lo hicieron por convicción, lo hicieron tras sendas amenazas hechas por el Grifo y sus hombres a todo aquel que no estuviera dispuesto a cooperar con la causa.

Después de un par de semanas de total aislamiento, y con la notificación oficial de la apertura de su nuevo proceso homicida, Juan Tostado volvió a la población con un ambiente completamente distinto al que dejó después de la trifulca. Ahora todo estaba en manos del Grifo y su gente. Así mismo, ya se le tenía ahora en alta estima dentro de la organización. Era un hombre de completa confianza. El Grifo se lo hizo saber en cuanto se reincorporó, y también le dejo claro que contaba con todo el apoyo para su fuga, la cual se fue cocinando a fuego lento, pero con completa seguridad.

8.
LA LIBERTAD ESTÁ ENCADENADA
A TODOS LADOS DONDE VAYAS

La libertad, ese esmero recurrentemente codiciado por el hombre desde su arcaica construcción conceptual, esa potencialidad idílica a la que se conduce estoico todo espíritu voluntarioso e indomable con profunda sed de autonomía y que, para muchos y en muchas narrativas, ha sido la más profunda de sus inspiraciones de lo profano a lo épico y de lo poético a lo coloquial, alberga la esperanza de la significación del devenir y que fue, es y será problema infinito e inconcluso de la presilla dicotómica de la sinrazón de la existencia, se presentaba ahora como un desafío para Juan Tostado, pues a pesar de que soñaba con salir del penal, ya no estaba del todo seguro de que fuera de ahí encontrara esa libre condición. La prisión que a él lo encerraba era la mental, era la prisión autoimpuesta de no poder encontrar paz y comenzar a estructurar una vida sin todas las virtudes que le acompañaban como leyenda viviente de su barrio, como prototipo del pandillero moderno, como referente de los chicos con potenciales aspiraciones de ser alguien en la historia de la Morelos. Su infantil libertad estaba ahora condicionada y encarcelada por la identidad que arrastraba consigo, la cual difícilmente le devolvería lo que algún día odió y ahora añoraba… Su libertad.

Todo estaba preparado para que saliera del penal. Varios miles de pesos de respaldo en el corrupto y fallido sistema judicial mexicano, algunos favores de por medio, amenazas y cobro de cuentas pendientes y listo. Juan Tostado solo debió esperar aquella mañana de octubre de 2001 cuando fue llamado temprano por uno de los hombres de la Morelos, quien en la primer brisa matutina lo despertó para que se dirigiera rápidamente a la cocina donde estaban los proveedores descargando los insumos y, entre las múltiples mercancías, se encontraba también la ropa extra de la empresa de alimentos con la que Juan saldría del penal.

Eran aproximadamente las cinco de la mañana y Juan se levantó aún con cierto escepticismo sobre el éxito de la fuga. Se dirigió al almacén tal como se había planeado y ahí cambió su ropa por un atuendo de trabajador. Los custodios y guardias de los accesos principales ya tenían indicaciones previas de cómo realizar las maniobras y, por supuesto, sus jugosas recompensas en pesos y cocaína para permitir la libre salida del joven calavera. Al llegar al último filtro de salida, recibió ropa de civil, un atuendo bastante elegante con el que saldría que incluso le hacía parecer un niño nice hijo de algún funcionario. Así difícilmente despertaría sospecha alguna, mientras afuera lo esperaban un par de miembros de los calavera en una camioneta Durango blindada con placas y engomados de la Procuraduría General de Justicia. Juan abandonó el penal caminando tranquilamente, subió a la camioneta y fue rápidamente llevado a una casa de seguridad del cártel de los Xolalpa al sur de la Ciudad de México.

Unas horas más tarde, al pasarse la lista matutina en el penal, se transmitió el reporte de su ausencia, con lo cual se dio la notificación masiva a las corporaciones policiacas de que se debía iniciar la búsqueda del convicto. La noticia fue al mismo tiempo difundida en los canales de televisión y radiodifusoras, por lo cual la gente del barrio y del cártel de los alfas se dieron también por enterados de la fuga, hecho que causaría revuelo y múltiples reacciones, unas de esperanza y otras de alerta, pero sin duda fue un revulsivo para el entorno. En pocas horas, la Morelos nuevamente se encontraba infestada de policías de investigación que buscaban afanosamente a Juan Tostado, quien estaría para esas mismas horas preparando la estrategia y el camino para su vuelta al barrio y buscar, como parecía ser su obligación y destino, equilibrar y poner orden en aquella trinchera de violencia. Sería en esta ocasión la última vez que lo haría, pues él tenía claro que su camino hacia la paz ya no tenía dirección en la Morelos.

Su nueva morada sería la marginada colonia Topilejo en la delegación Tlalpan, muy cercana a la cordillera del Ajusco, la cual rodea por la parte más meridional al monstruo de concreto del altiplano central mexicano. Dicha colonia era de muy difícil acceso, y a principios del tercer milenio se encontraba en condición precaria de gran rezago. Era, sin duda, un ejemplo vivo de las contradicciones del sistema político entre su retórica desarrollista y su praxis dependiente y catastrófica para las mayorías vulnerables. Ahí los Xolalpa tenían un par de predios en los que escondían personas secuestradas, a quienes mantenían semanas o meses cautivos y por las que exigían rescate, o en ocasiones torturaban y asesinaban, según fuera el caso. Los secuestros estaban dirigidos comúnmente a empresarios o políticos a los que se mantenía incomunicados por unos días. Por su parte, las personas que eran torturadas en esas casas de seguridad eran traidores de la organización en alguna de las múltiples formas que concebían, o bien cautivos de otras bandas y cárteles enemigos, a quienes se torturaba como escarmiento y mecanismo de presión y terror psicológico a los rivales.

Para la primera tarea del secuestro y los rescates, el cártel de los Xolalpa utilizaba los servicios de una pandilla muy sui generis y completamente distinta a los sicarios tradicionales: un grupo de jóvenes extremistas egresados y estudiantes de distintas universidades públicas de tendencia anarco-comunista llamados «los rojos», que actuaban en completa rebeldía contra las élites de poder económico y político. Estaban inspirados por distintos grupos guerrilleros y terroristas del mundo. Buscaban la acción directa en detrimento de los oligarcas a cambio de pagos que utilizaban para proyectos educativos, sociales, alimenticios, deportivos y de mejora en barrios pobres y marginados. Era un paradójico negocio en el que golpeaban a los burgueses y políticos mediante su radicalidad, obteniendo recursos para su revolución, pero con la gran carga y condena a sus argumentos y coherencia que conlleva la alianza con un cártel. El líder de aquel grupo marxista era un joven filósofo apodado el Pibe quien era, sin dudas, el que mayor convicción y argumentos pragmáticos manifestaba dentro del grupo: hombre de acción directa y probada valentía, así como profundo odio a las clases opresoras y élites de poder.

Aquella tarde, cuando Juan Tostado llegó a la casa de seguridad, había por lo menos diez personas entre miembros del cártel y de los rojos que estaban vigilando a un empresario de las telecomunicaciones a quien habían secuestrado hacía pocas horas. El propio Pibe estaba a cargo de la operación y el resguardo del raptado. Cuando Juan fue ingresado a la casa, observó que no eran como él imaginaba las condiciones en las que se encontraban esos inmuebles, pues suponía lugares sucios, lúgubres, infestados, algo parecido al lugar en que fue cautivo por los maras salvatrucha, pero la realidad era otra. Los Xolalpa eran magnánimos en sus operaciones, pues se trataba de una casa de fachada muy humilde e incluso daba la impresión de ser una obra en construcción sin finalizar. Sin embargo, en el interior había todo tipo de comodidades: sillones de piel sumamente estéticos y confortables, un refrigerador lleno de alimentos gourmet y refrescantes bebidas, televisión de paga, cómodas habitaciones y hasta un salón de juegos con mesa de billar, futbolito y dardos, así como una muy bien abastecida cantina y las infaltables drogas de todo tipo. Tanto los rojos como los miembros del cártel disfrutaban de estas benevolencias, y la idea era que los secuestrados también lo pasaran de lujo. Sin embargo, el Pibe no pensaba igual. Él hacía todo lo posible para que la estancia de políticos y empresarios fuera poco más que un infierno mientras estuvieran a su disposición los medios y el poder para ello.

Juan observó cómo el Pibe ordenaba a dos de sus hombres que llevaran al empresario a una de las habitaciones más austeras, que lo ataran de manos y le vendaran los ojos, pues lo quería «interrogar». Notó inmediatamente el sarcasmo en las palabras y acciones del joven comunista y supuso que se trataba de una forma muy ingeniosa en la que se torturaría al cautivo, así que se dispuso a espiar a los rojos en su rito de lucha de clases.

—Así que tú eres el famosísimo Renato Izazola —le espetó el Pibe—. Mira qué gran hijo de puta tenemos aquí. El cabrón que ha especulado y se ha enriquecido con los precios de la telefonía en el país. ¡Eres un verdadero hijo de puta! Pero no te preocupes, ahora mismo vas a pagar toda la mierda que has regado, burguesito de mierda.

—No, espérate no me mates, no me hagas daño —suplicó Renato—. Dime, ¿cuánto quieres por dejarme ir? Te puedo dar lo que tú quieras, lo que sea. Puedes tener lo que siempre soñaste. Déjame ir y lo que me pidas será tuyo. Sabes bien el poder que tengo.

—No cabe duda que todos los burgueses son

igual de asquerosos —se burló el Pibe—. Tú piensas que todo en la puta vida es dinero, es acumulación y poder, pero no, cabrón. Hay cosas mucho más valiosas, como la dignidad y la camaradería, pero yo no sé por qué pierdo el tiempo contigo, si no eres más que un malparido que se enriquece de la miseria del pueblo vendiéndoles servicios a los que tienen derecho, pero hasta aquí llegaste...

Sorpresivamente, Juan abrió la puerta de la habitación para impedir lo que él imaginó un asesinato a quemarropa. Sin embargo, se sorprendió cuando observó que el Pibe no lo tenía amagado, no estaba armado y se encontraba discutiendo tranquilamente sentado en una silla de paja, bebiendo una bombilla de té de mate con cuatro de sus hombres flanqueándole. Al entrar Juan, el Pibe se sorprendió y lo miró con desconcierto, pues sólo lo ubicaba de vista fugaz y jamás habían cruzado palabra en sus vidas, y le dijo:

—A ver, tú, ¿quién chingados eres y porqué entras así, cabrón? ¿Quién te crees?

—Pues no mames, pinche loco, así no se hacen las cosas —replicó Juan—. ¿Apoco te quieres quebrar a este cabrón, nomás por ser rico? Ni en el barrio ni en el cártel se maneja así. No seas pinche manchado.

—¡Ja, ja, ja, ja! —se rio a carcajadas el Pibe—.

¿Qué tenemos aquí, pues? Un pinche alienado, un lumpen defensor de la burguesía.

—Ni madres, cabrón —dijo Juan—. A mí no me andes poniendo apodos. Me llamo Juan y soy banda de los calavera de la Morelos.

—¡Oh, un proletario! —exclamó el Pibe—. O serás un lumpen proletario del barrio bravo del centro, mejor dicho, una pinche joyita engendro del subdesarrollo. Pues sea como sea, no sé quién chingados te dejó entrar aquí, pero te largas o te sacamos a putazos, ¿cómo ves?

Juan se puso inmediatamente a la defensiva, mientras dos de los rojos se acercaron intimidantes a él. Uno de ellos tiró un potente golpe a su rostro que fue esquivado por Juan, quien respondió con un contundente uppercut que dejó fuera de combate al agresor, al impactar directamente en su mandíbula. Simultáneamente, el otro comunista se lanzó sobre Juan, tomándolo por detrás y sujetando su cuello para inmovilizarlo. Se acercó a ellos el Pibe y tomó de cabello a Juan, diciéndole:

—Ya veo que te sientes muy cabroncito y traes los huevos muy revueltos, mano. Se te nota que eres del barrio bravo, pero conmigo vales madres. A mí me la pelas bien grueso. Eres un pinche alienadito pendejo al que hay que educar, y yo me voy a encargar de eso.

Ante el desorden y escándalo, entraron algunos

de los hombres del cártel de los Xolalpa y, desconcertados, intentaron apuntar con sus armas a todos los artífices del altercado. El Pibe volteó su sarcástica mirada hacia ellos, y con voz socarrona les dijo:

—Tranquilos todos, cabrones. Ya estuvo bueno de desmadritos. A ver, muchachos, ¿este wey de dónde salió y por qué anda interrumpiendo mis asuntos? Ustedes ya saben que de esta gente nos encargamos los rojos. Fue el acuerdo con el Camaleón. Su asunto son los alfas. Entonces, a la chingada de aquí no los quiero ver ni a ustedes ni a este pendejete.

Los hombres del cártel no pudieron contraponer el argumento del Pibe, pues ciertamente llevaban varios meses trabajando con esa dinámica, y las órdenes que ellos tenían era de no interferir en los métodos de los rojos hasta conseguir los rescates monetarios, ya que durante el tiempo de la sociedad los resultados habían sido perfectos y el Pibe se había convertido en un socio intocable, pues a pesar de su petulancia y antigobernabilidad era el mejor en lo que hacía. De esta forma, salieron de la habitación. Por su parte, el Pibe ordenó que soltaran a Juan y le dijo:

—Vete con los cabrones del cártel, no tienes nada que hacer aquí. Más tarde parlamos. No sé quién sean, pero algo me dice que no eres cualquier pendejo aquí. Sin embargo, debes entender muchas cosas, y una de ellas es que no debes actuar con las hormonas sino con las neuronas.

—Pues ya te lo dije, cabrón —le replicó Juan— y, aunque me eches a tu banda de perros, no voy a permitir que mates a este cabrón así nomás, por tus huevos.

El Pibe miró a Juan con incredulidad y le dijo con acento burlón:

—De verdad que tú sí que piensas con los huevos, valedor. ¿Acaso ves que yo o mi gente estemos armados? Tú no comprendes nada aquí, chaval, y no tengo por qué darte explicaciones, por cierto, pero te puedo recomendar que no metas tus narices hasta que no entiendas este pedo. Así que neta, por favor salte de aquí. De cualquier modo, tenemos que entrevistarnos tú y yo, pues en tu barrio existen varios proyectos de nuestra organización y debemos conocernos. ¡Así que órale a la chingada de aquí!

Juan, claramente disgustado e impotente, se levantó, sacudió su ropa y, con varias maldiciones entre dientes, salió de aquella habitación y se dirigió a una de las salas donde los miembros de cártel le indicaron cuales serían sus aposentos hasta que se enfriara la situación posterior a su fuga y pudiese volver al barrio. Los miembros de los rojos cerraron la habitación donde el Pibe continuó con su procedimiento.

Juan fue acomodado en una habitación en el tercer piso de la casa de seguridad. Contaba con una espectacular vista a la Ciudad de México además de todas las comodidades que necesitara. Era un lugar frío y con olor a ganado y hierba, pues estaba rodeado de ejidos. Sin embargo, a pesar de ser un centro de represión y tortura física y psicológica, a Juan le generaba paz. Obviamente, después de la prisión y el presidio que vivió con los maras, esto era un verdadero resort.

Unas horas más tarde de su primer encuentro, nuevamente coincidirían el líder de los rojos y Juan Tostado. El primero acudiría en su búsqueda para pulir las diferencias y, sobre todo, para conocer con detalle quién era ese altanero joven de aspecto proletario y actitudes indomables que daba la impresión de tener un concepto de justicia más fundamentado en lo emotivo que en lo racional. Pero ese espíritu de arcaica y silvestre virtud llamaba poderosamente la atención del Pibe, quien, intrigado, propició aquel encuentro...

—¿Qué onda, valedor, ya estás más relax o sigues bravo por lo de la tarde? —preguntó el Pibe—. Para que estés más alivianado, te informo que no le hice nada al pinche capitalista ese, solamente le metí terror para medirlo y ver la clase de basura que es. ¿Puedes creer que me ofreció lana para soltarlo y otra tajada para asesinar a su socio, que es también su yerno? No cabe duda que esos cabrones solamente tienen lealtad con el dinero. Son una basura.

—¡Ahh! ¿Y eso a mí qué chingados me importa? —le espetó Juan Tostado—. ¿Viniste a convencerme de que los ricos son malos? Pues entérate de que me valen madres los ricos. Yo vengo de un barrio donde ese tipo de cabrones no se paran. Somos invisibles para ellos, les valemos madres y nos valen madres a nosotros. Mientras no se metan con el barrio, al barrio no le importa cómo y dónde vivan.

—Mira, Juan Tostado —dijo el Pibe—, precisamente con ese descompuesto argumento tú mismo me estás dando el motivo para estar aquí. En efecto, no me equivoqué.

—¿De qué mierda estás hablando? ¿No te queda claro que no me interesa charlar contigo? Los pinches ñoños intelectuales y mamones como tú para mí son iguales que los riquillos, una bola de gente mamona que se creen mejor que los demás, pero que no sobrevivirían ni una noche en el barrio. No saben nuestras necesidades, nuestras carencias, nuestra realidad, nuestros sueños y nuestros sentimientos, y nunca los entenderán.

—Ok, respeto tu punto de vista y tu sentir —respondió el Pibe—, pero déjame decirte que estás en un error. Yo, al igual que tú, vengo del barrio, de uno muy cercano al tuyo, por cierto. Yo crecí en Ecatepec. No sé si lo conozcas, pero es un lugar complicadísimo y casi tan bravo como el tuyo. Mucha de la gente de mi barrio también termina en las pandillas que son fuertes. Sin embargo, a diferencia de tu barrio, en el mío no hay arraigo ni solidaridad. Allá todos quieren ser poderosos y venderle el culo al mejor postor a cambio de plata. Mi gente está enajenada y desconocen hasta a su propia familia con tal de tener poder y acumular cosas.

—Pues en todos lados hay gente así —respondió Juan—. Eso no es nuevo, cabrón, pero sigo sin entender. ¿Qué es lo que quieres de mí?

—Yo veo que eres un wey valiente, entrón y muy a tu forma —le dijo el Pibe—, pero defiendes aquello que crees justo y combates lo injusto: Eso me gusta de ti. Así mismo, vienes del barrio, y precisamente la gente del barrio, del campo, los obreros y todos los oprimidos del sistema son las personas que más me interesan. Es la gente con la que trabajo, a quien trato de educar para que rompan esa realidad de la que me hablas, ese destino atroz que los conducirá a la delincuencia, a la prostitución o a la muerte. Mi grupo busca precisamente impedir gradualmente que ese sea su desenlace y se los cambiamos por un futuro más prominente y benéfico.

—¿Y tú para qué quieres eso? ¿Qué ganas? —

preguntó Juan—. La única forma en la que salimos adelante es luchando, uniéndonos y defendiéndonos de la tira y de otras pandillas. Para nosotros, la esperanza no es una vida bonita ni digna; para nosotros lo único real y funcional es sobrevivir.

—Nosotros creemos en el comunismo —explicó el Pibe—, y estoy convencido que el mayor problema que ustedes tienen es que vivimos en una sociedad que los educa en la violencia, en el salvajismo, en la destrucción de unos a otros a cambio de la banalidad de objetos, dinero y poder. Eso es una condición que se les ha impuesto a través de un sistema cultural articulado con un modelo económico llamado capitalismo, y en el cual los únicos que ganan son los riquillos como el hijo de puta que tenemos secuestrado. Para ellos es indispensable explotar al jodido, venderles sus productos, sus ideas, sus estereotipos y, si se puede, ponerlos a pelear unos con otros hasta que se odien a tal punto que se les olvide quién es el verdadero enemigo y quién es el opresor.

—Pero yo no trabajo para ellos —protestó Juan Tostado—. Ni me explotan ni se van a meter a mi barrio. A mí ellos no me chingan para nada; al contrario, creo que quienes los chingamos somos nosotros.

—Justo eso es lo que ellos buscan hacer que

pensemos. A la gente como tú no la usan para explotarla, la usan para mantener el caos, generar violencia, terror y mantener a la población cautiva y temerosa. Gente como tú le sirve a la burguesía para validar que es necesaria la seguridad, que es necesario que ellos llenen de policías y soldados el país. Gente como tú les sirve para propagar esa idea de que el pobre es violento e incivilizado y que ellos son los buenos, los correctos, los más aptos para dirigir y administrar las riendas del país y del mundo. Nada más falso que ellos, nada más alevoso que educarlos en violencia para después culparlos. Yo trato de transformar esa lógica social para que los privilegios no sean solo de ellos, sino que gente como tú y tu familia tenga derechos como estudiar, trabajar, una casa, salud, seguridad y todo aquello que te corresponde por el simple hecho de ser una persona.

—No mames, suenas como pinche político —dijo Juan—. Parece que me estás convenciendo de que vote por ti. Eso yo lo escucho todo el tiempo en culeros que llegan al barrio a prometernos y, al final de cuentas, solo nos chingan y nos quitan todo lo que pueden sacar del barrio.

—No, Juan —dijo el Pibe—. No es proselitismo ni apelación política. Se llama revolución. Se llama transformación de la sociedad que nos oprime, se llama búsqueda de libertad para todos.

¿Acaso no debe ser la libertad, junto con la felicidad y la paz, la finalidad última de cualquier ser humano? Lo que yo hago con mi grupo es chingar a las clases altas para beneficiar y abrir el camino de la libertad a los oprimidos. Nosotros buscamos la lucha de clases. Nosotros hacemos la revolución con los medios que están a nuestro alcance y, aprovechando cualquier coyuntura para llevarla por buen puerto, construimos un futuro para todos. Piénsalo, Juan. Piensa de qué lado te gustaría vivir, piensa quién tiene la razón y, si a ti en un momento dado te interesa unirte a nuestra causa, aquí eres recibido con los brazos abiertos. Aquí somos partidarios de las sumas, no de las divisiones.

—Pues creo que en algunas cosas tienes razón —admitió Juan—. En otras creo que sueñas demasiado, pero en general creo que tu intención es buena, y sí puede ser que más adelante me integre a su onda, aunque el sueño que yo estoy persiguiendo es, tal como dijiste, la paz. Quiero alejarme de todo este mundo, quiero estar tranquilo con mi hermana en Cuba, quiero estudiar, tener una vida dejos de esta mierda. ¿Tú puedes ayudarme?

—Por supuesto que sí, Juan —respondió el Pibe—. De hecho, no sabía que querías ir a Cuba. Allá tengo muchos camaradas. ¿Sabías que ese país tiene un gobierno que surgió de una revolución? ¿Has oído hablar del Che Guevara, de Camilo Cienfuegos? Si tú quieres estar en ese lugar, yo puedo conseguirte facilidades para que vivas y estudies allá. Me parece una genial idea.

—Solo hay un pequeño detalle —dijo Juan Tostado—. Mi hermana vive allá bajo el cuidado del indio Xolalpa. Yo hace un tiempo salvé su vida y así él me está pagando el favor. Entonces, mi idea es irme y negociar con él para poder llevar la vida que quiero allá. Solo que tengo una corazonada que me dice que algo no cuadra, y que el indio me va a traicionar.

—Estás tratando con narcos —le recordó el Pibe —. Por más que sean una organización basada en dogmas familiares, no olvides que primero están ellos y su gente. No te me confundas, pues en el mundo del capitalismo y la delincuencia los intereses están por encima de la amistad y el honor. Yo te daré un consejo: no te fíes mucho de nadie, duda siempre de todos, hasta de ti mismo, y solamente cree en aquello que te conste por la experiencia adquirida. Nunca pierdas la dignidad y no dejes de luchar por lo que quieres, haciendo de tus ideas un esmero que te sirva de motor constante hasta materializarlas. Como decía el che Guevara: «Seamos realistas, hagamos lo imposible»…

9.
EL NOUS Y THYMÓS TU GUÍA SERÁN

Durante todo el mes de octubre, Juan Tostado pasó muchas horas observando, escuchando y dialogando con el Pibe. Siempre que tenía oportunidad observaba cómo actuaba, trataba de descifrar los rebuscados términos con los que se dirigía a sus aliados y a los secuestrados a su cargo, y de entender a cabalidad toda esa ideología que, a pesar de no ser completamente comprendida, le parecía en el fondo acorde a su realidad, y cada vez era mayor el interés que despertaba en él la lucha de los rojos. Fueron semanas no sólo de intenso aprendizaje, sino también de planear y dar vueltas en su cabeza. Buscaba la estrategia de lucha en contra de los alfas, quienes poco a poco estaban tomando un control cada vez mayor de la Morelos, según escuchaba en las noticias y en las conversaciones entre los rojos y los miembros del cártel. Además, nuevamente la policía de investigación y decenas de uniformados asediaban todos los días su barrio. Tal como lo había pensado previo a su fuga del penal, esta sería la última batalla que Juan pelearía en el barrio, pues su meta se encontraba ya muy lejos de aquella vida. Por otra parte, parecía que el indio Xolalpa y sus lugartenientes no tenían intenciones de cobrar el asesinato del Hércules, pues hasta ese momento no se había tocado el tema. Sin embargo, para Juan Tostado esa actitud era también muy sospechosa y no se confiaba del todo ante el poco interés y supuesta desatención que dicho suceso había desencadenado en el cártel.

Los días se le iban a Juan entre las tranquilas mañanas de salir a correr a la montaña durante dos horas para no perder condición física y ejercitarse con los rojos, quienes seguían un peculiar entrenamiento de guerrilla al que Juan se pudo acoplar de maravilla a pesar de no haberlo conocido antes, e incluso aportando algunas ideas y técnicas. A mediodía, Juan Tostado y una vanguardia de los rojos siempre encabezada por el Pibe se encerraban durante algunas horas en una de las habitaciones de la casa de seguridad para debatir y discutir sobre algunos de los principales males del sistema económico neoliberal que el gobierno mexicano estaba implantando con ciertas medidas reformistas. Esta parte del día era la más complicada para el joven calavera: datos, conceptos, teorías, hipótesis, problemas, soluciones, odio, rencor y esperanza eran las constantes en aquellas sesiones, las cuales le dejaban totalmente aturdido y a veces harto de tanta discusión bizantina.

En este periodo, Juan Tostado comenzó a sentir cierto respeto y quizá hasta admiración por el Pibe y la seguridad en su discurso, lo envolvente de su retórica, su manejo de un grupo que, a pesar de ser homogéneo en su meta y finalidad era heterogéneo en sus medios y, sobre todo, personalidades. Eran gente de difícil trato y cierta petulancia en su accionar. Había letrados y arrogantes académicos, hijos de luchadores sociales, líderes de barrios y obreros. A Juan le interesaba la gesticulación, el movimiento constante de brazos, el tono imponente y, sobre todo, la suma inteligencia y habilidad mental del líder rojo. A Tostado se le ocurrió que, de instruirse y formarse académicamente, podría llegar a ser como aquel personaje a quien propios y extraños respetaban. Sin duda, conforme pasaba el tiempo se convencía que sus días como pandillero estaban contados y que la vía que buscaría no era paralela a la delincuencia del barrio.

Por las tardes Juan no convivía mucho con los rojos. Se dedicaba a observar las torturas de los Xolalpa hacia miembros que habían traicionado la organización de una u otra forma, así como a los capturados tras enfrentamientos con otros cárteles y pandillas rivales. Su atención se centraba en los dos ejecutores, el Tadeo y el Plomo, quienes seguían las órdenes directas del Camaleón y, con sanguinario sadismo, echaban mano de las más violentas estrategias, como la tortura con electrochoques, azotes, ácido, sopletes, golpes con macanas, bóxers y sesiones de ahogamiento y asfixia. Si bien para Juan no eran acciones nuevas, sí le hacían dar una y otra vez vueltas al asunto del asesinato del Hércules, pues no dejaba de ser extraña para él la omisión, ya que muchos de esos torturados había hecho mucho menos y recibían esos tratos. La única explicación medianamente lógica que Juan encontraba era el vínculo que lo unía con el indio y la supuesta gratitud del capo hacía él.

Sus días en aquella casa de Topilejo terminaban observando los mecanismos que los rojos usaban en su trato con los secuestrados, los cuales eran abismalmente distintos y antagónicos a las brutalidades de los narcotraficantes, pues el Pibe y su gente eran más partidarios de la tortura psicológica que de la física. Así mismo, la violencia corporal que utilizaban era más estratégica que feral, pues, lejos de lastimar por intimidar, pintaban panoramas de decadencia y tedio entre sus cautivos, jugando con su moral y emociones, las cuales se convertían en condenas perpetuas y sacudidas de realidad y conciencia ética que, a pesar de no golpear en lo físico, dejaban secuelas imborrables en sus víctimas.

Cierto día, el Pibe invitó a Juan Tostado a una sesión con aquel empresario Izazola a quien aún no liberaban tras dos semanas de presidio. En aquella ocasión fue metido a una especie de sala audiovisual, donde se comenzaron a proyectar distintas imágenes con arreglos semióticos en los cuales se plasmaba la realidad en diversos países subdesarrollados, como la África subsahariana, Indochina y Centroamérica, en los cuales la desigualdad capitalista había llevado a los habitantes de estos territorios a vivir en condiciones francamente inhumanas de carencia no solo de servicios elementales, sino de aquellos vitales para al menos sobrevivir, y con su dignidad completamente pisoteada. Paralelamente y de forma intercalada, se mostraban imágenes de la opulencia ofensiva y despilfarros de recursos, así como daños al medio ambiente que el modelo neoliberal acarreaba al mundo. En ese crisol de imágenes figuraban niños, ancianos, mujeres embarazadas, animales y otras especies devastadas por la estructura económica. Era un verdadero banquete de morbo gore empapado de lucha de clases.

El impacto que estas imágenes tuvieron para Juan fue tal que su cabeza se convirtió en un verdadero tornado en el que el mundo que él conocía se había ampliado, y una partícula criticista comenzaba a desarrollarse en su ser. Muchas cosas cobraban sentido en su imaginario social, y ahora Juan Tostado comenzaba a engendrar un odio, pero ya no hacía otras bandas, como había aprendido en su barrio, sino que ahora se sentía un ser humano oprimido e identificaba a aquellos poderosos como sus enemigos naturales. Algo en Juan Tostado estaba cambiando y lo alejaba cada vez más de su naturaleza pandillera.

Juan se acercó al Pibe y, con toda determinación, le solicitó que le profundizara sobre esas atrocidades del sistema y que le dijera de qué manera podía él contribuir a la erradicación. En ese momento, Juan tenía conciencia de clase y, sobre todo, una nueva motivación que le daría significación a su golpeada moral y el sin sentido en que giraba después de todas aquellas experiencias e infortunios de los que había salido avante en los meses recientes.

—Pibe, he quedado impactado con todas esas imágenes que le has mostrado al riquillo ese —dijo Juan—. No mames, me cae que hay gente que vive de la chingada y nosotros quejándonos por puras mamadas.

—Sí, cabrón —asintió el Pibe—. Así suele pasar, hasta que comenzamos a tomar conciencia de clase, y al parecer tú ya la estás tomando. Es lo que traté de manifestarte desde el principio, pero me da gusto que esa cerrazón inicial ahora torne a apertura al diálogo.

—Háblame más sobre todo ese wey —le pidió Juan—, pero más sobre lo que podemos hacer nosotros para darles en la madre. Me interesa sacar al barrio de esa realidad y poder colaborar para que la gente viva mejor.

El Pibe encendió un cigarrillo mientras miraba detenidamente a Juan y se sentó en uno de los sillones de la casa mientras le decía:

—Pues todo esto da para una larguísima lista de acusaciones, pues en estos tiempos donde ser diferente al resto de la sociedad es un delito y tener una forma propia de pensar es un pecado capital, no nos queda otra alternativa que dejar clara nuestra posición con respecto a todas las esferas del poder mundial. No confiamos en nadie, representamos a miles de millones de personas sufridas en el mundo y lo que tratamos es poner un alto a este sistema de mierda. ¡Basta de mentiras, basta de justicia cara, basta de leyes que reprimen y no amparan, basta de una democracia que no se respeta!

—Sí, wey, justo es lo que esta pinche sociedad necesita —asintió Juan Tostado—. Un chingadazo tal que desaparezca toda esta mierda y comencemos de nuevo.

—Pues dentro de este disfuncional mundo —le

explicó el Pibe—, muchas criaturas mueren en palacios de cartón a falta de alimentación o una ley que los ampare. Los matones de tu barrio y de otros muchos siguen siendo marionetas de un gobierno que por la clase baja no se inquieta y le es indiferente su necesidad. En su ideario y proyecto para los pobres se contempla dar a los niños más escopetas que libretas. Y son los que más abusan del pueblo dando consejos. Todo es complejo: burocracia, economía... Quizá por eso la igualdad es una utopía.

»Centros penitenciarios que no enseñan sino deforman. Cómo la paz espiritual difícil se torna de lograr. Información obstruida, manipulación de ideas, violencia en la conciencia, hijos que no se desean y terminan engrosando las filas de la miseria, la pobreza y en ocasiones la delincuencia. Basta ya de mierda disfrazada de política, de prensa falsa, muerta pobreza crítica de las cínicas maneras que al humano no respetan.

»¿Y cómo ser feliz en un lugar donde el pueblo es utilizado a nivel internacional? En este sistema, los jóvenes se convierten en máquinas de matar y lo que menos defienden es un ideal. El poder estatal se corrompe a diario. Ahora nos dirigen mercenarios. En las elecciones ya no vota el barrio, pues la lucha por la presidencia es juego de millonarios. Por eso decimos: ¡No más mandatarios injustos, no más, basta de funcionarios corruptos! Basta de salarios bajos y relajo oculto tras una apariencia noble, que hace más pobre al mundo. Vaga sin rumbo la justicia. ¡Basta de mentiras, basta de justicia cara, basta de leyes que reprimen y no amparan, basta de una democracia que no se respeta! ¡Abajo todos los presidentes del planeta!

»Ya yo no creo en ni una palabra que hablen, ni en esas promesas que hacen porque no cesan las muertes por hambre. La pobreza se expande a todos lados. Nos han usado a conveniencia por ganancias, nos han robado y asesinado en nombre de la democracia. Infancias sin amparo, en espera no para el luto porque es más importante el producto interno, bruto. Astutos señores que no representan al humilde, y el humilde es quien carga el peso de sus errores. Antecesores y sucesores que solo buscan gloria, llenar el bolsillo y poner su puerco nombre en la historia.

—No mames, Pibe —dijo Juan—. Nunca había escuchado a nadie hablar así y describir en tan pocas palabras el puto mundo en el que vivimos. Yo jamás me había puesto a analizarlo, pero ahora tengo la misma necesidad que tú de chingar a todos esos cabrones que nos han pisado y nos siguen partiendo la madre todos los días. Wey, en mí tendrás a un soldado más de los rojos.

—Sí, Juan. Me da mucho gusto escucharte, de

verdad, y créeme que tus esfuerzos serán bien canalizados con nosotros —dijo el Pibe—. Algo que tenemos bien claro los rojos es que no podemos continuar planteando soluciones en hojitas de papel, que en la práctica de poco servirán. Pues aquello que determina el comportamiento efectivo de la gente en la organización, mucho más que sus ideas, es su vida, su personalidad, sus preocupaciones, su experiencia, las relaciones que establecen con el otro. Establecer una nueva relación entre revolucionarios y el medio social comienza con la convicción de que las «vanguardias» tienen tanto que aprender de la gente en la calle como esta tiene de ella...

—Carnal, a veces no entiendo mucho tu lenguaje —reconoció Juan—, pero comprendo tus intenciones. Algún día llegaré a ser inteligente como tú y verás que cambiamos esta mierda, juntos o en partes…

—Juan, la revolución es una forma de vida —le explicó el Pibe—, y para vivir en este mundo sin ser devorado y dar pasos firmes en esta lucha de clases, lo único que necesitas son los ingredientes que un filósofo griego conocido como Platón teorizó: El nous, que será la razón, la inteligencia que te guiará por el camino de la elocuencia, y el thymós, que será tu pasión, la voluntad que te impulsará como motor cuando todo lo demás te haya abandonado. Si eres capaz de equilibrar ambos conceptos, lograrás cualquier cosa que te propongas y, sobre todo, estarás cerca de lo único que te hará inmortal: la trascendencia.

10.
EL PREÁMBULO DEL EPÍLOGO

En los días finales de noviembre, Juan Tostado, completamente convencido de su nueva ideología, recibió una esperadísima visita para él. Sus viejos amigos el Guerrero y el Camello acudieron a la casa de Topilejo con la intención no solamente de poder saludar y pasar un rato con su amigo entrañable, sino que también fueron impulsados por la cada vez más imperante necesidad de enfrentar a los cada vez más voraces alfas, que llevaban varias semanas tomando el control del barrio, imponiendo su violencia, apoderándose de distintos puntos y espacios en el barrio. La gente del líder de los alfas, el Barrabás, en complicidad con el secretario de Seguridad Pública Javier Malpica, quien había cambiado de partido saltando a la Alianza Neoconservadora en el poder meses antes, ahora tenían a la Morelos infestada de sicarios protegidos y encubiertos por la propia policía.

En el barrio había una más que evidente falta de

organización. Los principales líderes parecían estar aletargados y relegados a los intereses de los Xolalpa, y la población y los comerciantes estaban temerosos y desconfiados. Al parecer, habían perdido la esperanza de progreso que meses antes se veía cercana. Las malas condiciones económicas del país golpeaban seriamente a la Morelos y a su gente, y en ese entorno los cárteles parecían la panacea y única solución para la gente. Los miembros jóvenes de las pandillas comenzaban a sentir mayor atracción por pertenecer a los alfas o a los Xolalpa. Algunos también buscaban comenzar a escalar en las corporaciones policiacas o en la política, sirviendo como chivos expiatorios o vasallos de políticos y agentes. El barrio estaba perdiendo de a poco su esencia de respeto, orgullo y pertenencia que los había hecho históricamente invencibles. El nuevo siglo había llegado…

El Guerrero y el Camello dieron un fraternal abrazo a Juan y le hicieron saber que su gente lo necesitaba.

—Carnal, me da gusto ver que estés chido —saludó el Guerrero—. Te noto entero, wey, y hasta con más ánimos respecto a la última vez en cana. Te tratan bien estos cabrones, ¿eh?

—Algo así, carnal —respondió Juan Tostado—. Aquí lo he pasado chingón y, sobre todo, he conocido gente bien chingona con la que se pueden hacer cosas buenas para nuestro barrio y para nosotros mismos. Ya los vas a conocer, wey.

—¡A toda madre, carnal! —dijo el Chido—. Pues esperemos que esa banda que topas también pueda tirar paro en el barrio, pues la neta, ahorita nuevamente se han puesto calientes las cosas.

—Tiene razón el Camello, wey —asintió Guerrero—. Las cosas se están pelando, y no como antes, wey. La banda ya no siente la misma pasión por lo nuestro, los morros se están alejando del pedo y presiento que si no nos aplicamos y sacamos a los pinches alfas de ahí, nos van a tragar, convirtiéndonos en su puta para siempre. Debemos rescatar nuestro espacio, Juan. O nos defendemos o desaparecemos, carnal.

—Sí, me imagino, wey —dijo Juan—. La situación cada vez es más cabrona en todos sentidos y la gente ya busca librarla cómo sea. Yo creo que el barrio como lo conocimos y como nos lo contaron nuestros jefes y abuelos tiene los días contados, pero debemos hacer lo que se pueda. Y justamente en ese sentido, carnales, debo decirles que será la última vez que yo luche en la Morelos. Ha llegado el momento de dejar esa vida.

—No mames, Juan — se asombró el Camello—. ¿Vas a dejar al barrio? Pues si tú te has convertido en uno de los líderes, en uno de los chingones para nosotros. Los morros hablan de ti, la gente te ha convertido en un tipo mito allá. ¿Pues no era eso lo que querías desde morro? ¿Ya se te olvidó cuando éramos morritos en la primaria y me decías que te convertirías en el wey más cabrón de barrio? ¿Ya olvidaste cuando jugábamos en la vecindad a que tú eras el Cráneo y yo el Guerrero, y le dábamos en la madre a los molachos? ¿Ya se te olvidó cuando decíamos que dominaríamos el barrio y le daríamos todo a nuestras jefas y a nuestros carnales, cuando soñábamos con tener un chingo de dinero, coches chingones y hartas viejas? Pues ya estás bien cerca de serlo. No mames, es tu momento, pinche Juan.

—Lo sé, wey —respondió Juan Tostado—. Sé que ese era mi sueño desde que éramos chavitos, pero ¿sabes qué? Ahora me doy cuenta que tanta pinche violencia que he vivido y provocado se pudo haber usado para otros fines más chingones y útiles para la gente. Me doy cuenta que todas esas mamadas con las que soñábamos no son más que pura ficción y que, la neta, aunque tuviéramos todo eso, seguiríamos siendo unos pobres pendejos. Quiero seguir avanzando, wey, y llegar a ser un cabrón, un vato muy cabrón, pero que pueda usar su chingonería para beneficio de los demás, no solo mío. Quiero ser un verdadero líder, un ejemplo para los morritos, y no precisamente por ser un pinche pandillero a lo pendejo, sino por ser un hombre de bien.

—A mí me parece bien chido lo que Juan quiere —intervino el Guerrero—. Me parece que el cabrón está madurando, y si nos va a tirar el paro esta vez, pues hay que agradecerlo y aprovecharlo. Tiene derecho a elegir para dónde quiere moverse y hacia dónde quiere llevar su vida. ¿Y qué tienes planeado, wey? ¿Estudiar, chingarle, entrarle al sistema, tener una chamba formal y andar formado en las empresas o en la polaca?

—Todo lo contrario, carnal —respondió Juan—. Le voy a partir toditita su puta madre al sistema con todos los políticos y riquillos culeros que hacen su desmadre para chingarnos y someternos. Pero también me quiero preparar, quiero ver a mi carnalita, cuidar de ella y ponerme las pilas bien chingón para ser un guerrillero pesado como el che Guevara.

—¡Su puta madre, el che Guevara! —exclamó el Guerrero—. ¿El wey que peleó con Fidel Castro en Cuba? No, pos sí que ya traes ondas bien locotas en tu cabeza, pero pues si es tu deseo, yo te apoyo, mi carnal. En lo que pueda y haga falta, sabes que siempre estoy aquí.

—Pues no es como yo imaginaba, Juan —dijo el Guerrero—. Pensé que nos haríamos viejos en el barrio haciéndonos leyendas, moviendo a la banda, escribiendo historias que después serían leyendas en las calles de la Morelos, pero pues estoy igual que el Guerrero. Somos carnales desde la cuna y en todas, así que también tienes mi apoyo.

—Pues cámara, compas, hay que ponerle cerebro y huevos a lo que sigue —dijo Juan—. Vamos a organizarnos bien con la banda del barrio y partirle su madre de una vez a esos putos alfas, que ya me tienen hasta la madre.

Juan Tostado y el Guerrero pactaron un encuentro con el Camaleón para organizar y ejecutar este enfrentamiento, que tendría que ser definitivo y establecer una alianza que les permitiera salir airosos, pues los calavera sabían perfectamente que solos no podrían con tal empresa, ya que los alfas, además de ser una poderosa organización criminal, contaba con poderosos aliados políticos y muchísimos recursos económicos, y el poderío de los Xolalpa sería su única carta para competir con el monstruo de violencia al que buscaban enfrentar. No fue difícil para los calavera convencer al líder de los Xolalpa en la ciudad, pues desde la fuga de Juan, tenía la orden directa del indio de apoyar en todo a los pandilleros de la Morelos, pero sobre todo y con especial énfasis tenía la orden de no perder de vista a Juan Tostado y ser algo así como su sombra permanente. En cada movimiento, en cada decisión, en cada alianza,

Juan estaría custodiado.

El indio Xolalpa, tras una llamada al Camaleón, autorizó que se utilizara a la mayoría de los sicarios del cártel en la ciudad, así como a por lo menos unos cien hombres para hacer frente a los alfas y cualquier infiltrado del ejército o la policía que interviniera. Además, los sinaloenses contaban con el respaldo del antiguo partido en el poder, el corruptísimo y antiguo Partido de la Revolución Nacional, quienes con esta alianza buscaban recuperar el control de al menos la capital. Así mismo, desde los años 80 existía una añeja y rara amistad y complicidad entre el indio Xolalpa y el líder nacional del partido, uno de los peces gordos de la política mexicana, el jefe Plutarco Ozler. Así, los calavera contaban con una de las organizaciones más temidas en México y el mundo para defender lo único que tenían: su dignidad y su barrio…

11.
EL FINAL ES DE DONDE PARTÍ

Al día siguiente de la visita del Guerrero y el camello, Juan notificó al Pibe del plan que tenía y este dio el espaldarazo pleno al calavera. Le hizo saber que su lucha era también la lucha de los rojos, y que liberar al barrio de los alfas y del gobierno era también una obligación para ellos. Juan salió de la casa de seguridad con rumbo a la Morelos para tener un encuentro con todos los líderes y cabecillas. Ahí se definiría el futuro.

Los tres calavera se dirigieron al siempre histórico bar Infierno, sede de centenares de historias y sucesos determinantes del barrio, símbolo indudable y alma de la Morelos. Sus viejas y húmedas paredes con múltiples grietas y rasgos del tiempo eran testigo del andar de decenas de pandilleros, políticos, capos, artistas y personajes varios que había inmortalizado aquellas noches de bohemia, hedonismo y violencia. Ahí estaban nuevamente sentados en una pequeña mesa circular, bebiendo ron cacique de 15 años de añejamiento y fumando cigarrillos sin filtro y de papel arroz. El ya legendario Guerrero, cuya mirada aún reflejaba fortaleza, determinación y estoicismo, había sido testigo de por lo menos un tercio de las historias que albergaba el lugar y el barrio en general, y era, sin duda, el gran referente y líder moral. Su carácter serio y siempre elocuente quizá disfrazaban el dolor, la frustración y el cansancio que probablemente sentía. A su derecha se sentaba Juan Tostado, el hijo pródigo cuya precocidad de su figura ideal y contingencia de sus hazañas acuñadas en narrativas épicas le hacían una figura mística, llena de interrogantes, pero por la misma razón una personalidad mesiánica que llenaba de esperanza a las masas. Junto a los dos figurones que le acompañaban, el Camello daba la impresión de ser pequeñito. Sin embargo, era uno de los más constantes en el barrio y de los que más habían aprendido de lo vivido con Juan y de todas las experiencias cosechadas. Era, sin duda alguna, uno de los más avanzados y capaces del barrio.

Poco a poco fueron llegando a la cita todos los referentes actuales y pasados del barrio. Era el momento de estar unidos y establecer nuevamente la sinergia fraternal que alguna vez les dio días de gloria. Los primeros en acudir a la cita fueron los santeros el Príncipe y el Donaire, ambos con sus atuendos blancos desde el calzado hasta la boina, adornados con alhajas y perfectamente protegidos por sus santos colgando en multitud en sus cuellos. Se sentaron en una de las mesas aledañas y comenzaron a beber aguardiente mientras fumaban sendos habanos de veinte centímetros que despedían el humo más denso de todo el lugar y hacía saber a varios metros de distancia que ellos estaban ahí. Los siguientes en arribar fueron los actuales líderes de los calabazos el Picos y el Tilico. Desde el momento en el que estacionaron su Cadillac de los 60, el estruendoso motor anunció su llegada elegante y pulcramente vestidos con sus camisolas de algodón, sombrero homburg, pantalón dickies tres o cuatro tallas más grande perfectamente planchado y reluciente, y zapato de charol que hacía brillar la noche. Se sentaron en la mesa de los santeros y pidieron una botella de tequila que comenzaron a beberse solo y con generosos caballitos.

Casi enseguida entró el actual líder de los molachos, la más legendaria pandilla de la Morelos, quienes estaban casi en extinción ante el presidio de la gran mayoría de sus cabezas. El Matador, hombre joven de buen físico y agallas de sobra, con su típico atuendo de punk con pantalones de cuero rotos y entallados, con estoperoles y cadenas, un chaleco de piel con partes de diversos grupos underground, botas de minero sucias y gastadas, múltiples arracadas en los lóbulos de las orejas y en el rostro, el cabello levantado con cera y teñido de color rojo y una espesa barba desalineada y de aspecto sucio. Junto a él, y tomándolo de la mano, ingresó la Morena quien, fiel a su costumbre, despampanaba con su armoniosa y singular belleza que la convertían en la reina del barrio, su cabello afro, que la hacía parecer una medusa de ébano, su piel mulata y formas tan curvilíneas y bien hechas que hacían que ese vestido entallado casi reventara al no contener tremendo mujerón. Era la pareja más dialéctica de la Morelos. Las esencias a rosas de la Morena se entremezclaban con el olor que desprendía la cera capilar y el sudor añejo del Matador, que hacían el mismo contraste a la elegancia de los martinis que la Morena finamente bebía a lado de las cervezas carta blanca que el matador bebía una a una, cual si se tratase de un náufrago. Un verdadero espectáculo.

Los últimos en llegar fueron los calavera restantes encabezados por el entrañable amigo de Juan, el mismísimo Matehuala, quien no perdió oportunidad de acercarse a cobijar a su viejo amigo acompañado por el Alucín y el Guasón, quienes habían perdido presencia ante el avance cada vez mayor de los alfas. Todos los calavera estaban bajo el mando del Guerrero y fueron los primeros en dirigirse a la mesa de Juan a darle la bienvenida y saludarle. Entre abrazos y bromas se acercó la Morena, quien dio un cariñoso y prolongado abrazo a Juan y le dijo:

—¡Qué gusto tenerte entre nosotros otra vez, Juanito! De verdad, mi corazón se siente agradecido con Dios por darme la oportunidad de volver a verte con bien y a salvo. No sabes cuánto recé porque así fuera.

—Muchas gracias, morenita —dijo agradecido Juan Tostado—. La neta, no pensé salir bien librado de la cana, pero pues ahora no quiero festejar, aún anda la tira tras mi sombra y no debo bajar la guardia, así que entre más rápido podamos chingar a esos putos alfas mejor, porque así más rápido me puedo borrar de aquí.

La Morena acercó la mano a su bolso. De allí sacó la CZ-75 de Juan Tostado, la limpió con un pañuelo y la puso entre las manos del joven calavera.

—Toma, Juanito. La cuidé muy bien. La única mancha es la del infeliz del Chivo. Tal y como me lo dijiste, tu arma estuvo guardada después de ese hecho.

—Gracias, morenita. Ya me contarás cómo te fue con ese perro. Creo que tenemos muchas cosas que platicar, incluso de tus ondas con el mugroso ese del Matador. Están jugando a la bella y la bestia seguramente —dijo Juan Tostado entre risas.

El Picos fue otro de los que se mostró más entusiasmado con el regreso de Juan, pues desde los días del presidio con los maras y su posterior enfrentamiento habían forjado una entrañable amistad.

—¿Seguro que te sientes preparado para este tiro, homs? —preguntó el Picos—. Lo podemos postergar para luego, no te vayas a arriesgar a lo wey.

—No te preocupes, carnal —lo tranquilizó Juan —. Este debe ser el momento. No podemos perder más tiempo. Tanto para mí como para el barrio, el tiempo es el peor enemigo en estos momentos, así que debemos echarle huevos para partirle la madre a esos pinches matones.

—Pues sí tú lo quieres, vámonos tendidos, homs —se ofreció el Picos—. Tú sabes que eres mi carnal y siempre le voy a saltar por ti, y así como le partimos la madre a esos pinches mareros, ahora lo haremos con estos ojetes. Veras que sí, homs. ¡Salud, carnalito! —Ambos amigos chocaron sus tragos y volvieron a darse un fraternal abrazo.

Juan nuevamente se sentía en casa. Aquellos pandilleros representaban a su familia, lo que quedaba de su infancia, su pasado y fenómeno.

Juan sabía en el fondo que este enfrentamiento sería el más complicado y sangriento en la historia del barrio de la Morelos. Por tal razón, esos momentos que compartían de alguna manera también representaron una despedida para muchos de ellos. Pasaron cerca de cuarenta minutos mientras todos intercambiaban puntos de vista sobre la situación del barrio y acerca de cuál debería ser la estrategia a seguir durante el enfrentamiento. Había visiones contrapuestas en ese sentido, pues mientras algunos como los calabazos abogaban por un enfrentamiento casi kamikaze en el cual el barrio llevara todo el peso y la batuta del duelo casi hombre a hombre, en una suerte de analogía a la forma en cómo derrotaron a la Mara Salvatrucha, sin embargo esa estrategia era muy difícil de repetir con los alfas, pues la superioridad no sólo de elementos sino de armamento, sadismo y entrenamiento los hacía un rival infinitamente más peligroso y letal.

El Matador y los molachos pugnaban por una lucha en la que el peso fuera llevado por los Xolalpa, pues, a su parecer, todo el asunto del ingreso de los alfas a la Morelos era responsabilidad de los sinaloenses, al estar disputando las plazas en la capital. En un primer momento parecía ser lo más lógico, pues ambos cárteles tenían el mismo potencial y solamente así tendrían posibilidad los pandilleros de la Morelos de triunfar. Sin embargo, los calavera, que eran profundamente orgullosos, y los calabazos, quienes ejercían un exagerado y profundo chovinismo por su barrio, difícilmente aceptarían que otra organización llegara a la Morelos a dirigir una batalla, y menos cargar el honor de la victoria. La razón era plenamente nublada por la pasión.

Los santeros tenían otra propuesta, la cual giraba en torno a una resolución pacifista. Ellos planteaban negociar en términos de mutuo beneficio. Su solución era una especie de división geopolítica del barrio y de toda la ciudad. Los santeros no querían más sangre, y tenían en mente que las hegemonías se dispersaran entre los cárteles respetando la soberanía de los barrios, resolución que resultaba sencillamente utópica, pues la voracidad de los cárteles para apoderarse de las plazas era casi bestial, sobre todo con los alfas, quienes en los últimos meses se habían apoderado de decenas de plazas que habían arrebatado con peculiar violencia a otros cárteles, sometiendo a las pandillas locales y manipulando a su antojo a las autoridades. Eran las mieles que les brindaba ser el cártel del Estado.

Para los calavera, la forma más prudente era a través de un ataque combinado, en el cual se usaría el distractor de una supuesta fiesta de bienvenida para Juan Tostado a la que asistirían todos los líderes del barrio y del cártel Xolalpa, incluido el mismísimo indio. Dicha fiesta sería en una bodega oculta en el corazón de la Morelos, dentro de uno de los mercados de la calle Nacozari. En esa ficticia celebración habría enteros arsenales de armamento, con el cual buscarían sorprender a los alfas y miembros del ejército, y a la policía federal, quienes tratarían de sorprender y capturar a todas las cabezas de la Morelos y los Xolalpa. Aunado a esto, en las inmediaciones, locales comerciales, casas, vecindades, azoteas y hasta en los contenedores de basura, habría infiltrados de las pandillas y francotiradores que acorralarían a los oponentes. Tenían también preparado un tráiler para trasladar a los prisioneros, tanto policías como militares y miembros de los alfas, quienes serían entregados a los Xolalpa y a los rojos. Esta era la estrategia que finalmente se impondría y se llevaría a cabo.

Aquella noche, Juan Tostado hablaría frente a todo su barrio, dejando bien claro para todos que había alcanzado un inusitado nivel de conciencia y madurez que le hacía, ahora sí y sin lugar a ninguna duda, el gran caudillo de su gente. Con apenas dieciocho años biológicos, pero varias décadas mentales, el hijo pródigo de la Morelos pronunció un emotivo discurso:

—Carnales, pues todos sabemos bien que esta

puede ser la última vez que estemos todos juntos conviviendo, parlando, compartiendo. Eso por un lado me pone feliz, pero por otro lado me da un chingo de tristeza que así tengan que ser las cosas por defender nuestro barrio, y pues todos desde morros sabemos que así es esta vida: es todo o nada.

»Algunos de nosotros nos conocemos desde morros. Hemos pasado toda la vida juntos, nos apreciamos como hermanos, hemos construido nuestro ser juntos y sabemos que la despedida siempre puede ser definitiva. Así se nos han ido varios carnales y así se seguirán yendo. Otros nos hemos hecho de aprecio recientemente. Ha habido diferencias, pero siempre estamos espalda con espalda para defender el barrio, esto a pesar de nuestras múltiples diferencias ideológicas y en formas de actuar y de vivir. Los cholos, siempre tan incondicionales y celosos de su clica, esa fraternidad de barrio que los ha hecho sobrevivir a todo, ese pundonor que les hace sacar fuerzas de cualquier adversidad, son la pandilla más leal que existe. Los molachos, con ideología punk mezclada con esos toques de barrio setentero, historia, tradición, arraigo, amor por el barrio, por la gente, por las calles y por las costumbres, y esa sed de supervivencia formando parte de la periferia, siendo los excluidos y marginados del desarrollo de México, han sido sobrevivientes de todos los cambios en las últimas décadas y siguen hoy aquí al pie del cañón, dispuestos a todo por nosotros.

»Los santeros son otro componente fundamental de nuestro barrio. Ellos nos dan estabilidad y equilibrio emocional. Ellos nos han levantado cuando todo se ha ido a la mierda. Ellos han buscado equilibrar nuestra bestialidad, nuestra violencia genética y nuestra cólera innata con paz, con espiritualidad y, en más de una ocasión, sus buenos oficios nos han salvado de más sangre derramada de nuestros carnales. Son un pilar para nosotros. Nuestras carnalas las taloneras del eje y los burdeles son nuestra alma, son nuestro sentir, son nuestra ternura, son lo que nos sigue manteniendo humanos y no sólo bestias asesinas y ambiciosas de poder y violencia. Ellas son la sonrisa que nos hacen amenos y agradables los días y las noches en el barrio. Su belleza y alegría resultan siempre un elixir para perfumar nuestra miseria.

»Finalmente, nuestras familias, la gente del barrio que no forma parte de nuestras pandillas pero que son nuestro oxígeno, nuestra razón de ser y de existir. A ellos nos debemos y por ellos somos. Sin la gente de nuestro barrio, las calles no tendrían su esencia tan particular, los sonidos que son la voz perpetua de nuestro territorio. El motor que da vida a la Morelos es el ímpetu, son los huevos que todos los días pone nuestra raza para salir adelante. Ellos han construido las historias, ellos les dan sentido. Ellos siempre serán los primeros y los últimos en la Morelos. Estarán con nosotros venzamos o seamos derrotados, curarán nuestras heridas y derramarán sangre con la misma o más valentía que nosotros. Ellos serán nuestra fortaleza y verán que saldremos victoriosos, sentando el principio para un futuro más próspero para toda nuestra gente. Este es el final para algunos de nosotros que de aquí vamos a partir y el principio de un futuro mejor para todos ellos…

Cuando Juan Tostado terminó de pronunciar su discurso, la gran mayoría lo ovacionó con aplausos y un brindis jubiloso que les daba esperanza de salir victoriosos. Por aquella noche, la atmosfera fue constituida por felicidad y entusiasmo. No se recordaba algo así en muchos meses. Las cartas estaban echadas, era todo o nada para la Morelos.

12.
LA ANUENCIA Y EL AJEDREZ

Una semana transcurrió en lo que se organizaba el montaje de celebración para Juan Tostado. Durante esa semana, toda la gente del barrio y las pandillas comenzaron a reunir fondos para solventar este conflicto y poder acumular la mayor cantidad de armamento, pues se enfrentarían a uno de los cárteles más poderosos del mundo y a las fuerzas del Estado. Así mismo, había que diseñar la estrategia y planeación de las posiciones y logística que se seguiría durante el enfrentamiento. En ese sentido trabajaron en conjunto los cerebros del Guerrero, Juan, el Pibe y el Camaleón. El Camello, junto al Matador, llevaron a cabo la recolección de dinero y la compra de armas, muchas de ellas suministradas y patrocinadas por los Xolalpa, quienes también tenían apoyo monetario del Partido de la Revolución Nacional. Aunado a eso enviaron algunos elementos de inteligencia para supervisar todas las acciones. Los Xolalpa serían la artillería pesada para enfrentar a los alfas, pues eran los únicos con el potencial de hacerles un verdadero contrapeso. El resto de los aliados serían su apoyo y enfrentarían al ejército y la policía federal.

La Morena y sus chicas tuvieron como misión difundir de manera «sigilosa» la noticia de la celebración, sabiendo obviamente que el evento debía llegar a oídos del Barrabás y de Malpica. Así mismo, las meretrices de la Morelos hicieron todo el montaje de los preparativos de la fiesta, adornando, llevando un banquete, servicio, sonido y haciendo que todo pareciera una celebración digna del barrio. Por su parte, los calabazos se encargarían de preparar a los miembros más jóvenes de las pandillas para «curtirlos» durante esa semana, de manera que fueran también una fuerza emergente en caso de ser necesario que tomaran acción. Ellos mismos se dirigieron con clicas de otros barrios para pactar treguas y apoyo en solidaridad, pues las condiciones de sometimiento de la Morelos eran iguales por parte de los alfas en otros barrios aledaños. Así se consiguió el apoyo de gente en Nezahualcoyotl, Iztapalapa, Aragón, Ecatepec y Azcapotzalco, donde había varias de las pandillas y clicas más peligrosas de la ciudad.

Así transcurrió la última semana de noviembre de

2001. El barrio lucía muy movido. No se respiraba tensión, parecían confiados. De hecho, daban la impresión real de, en efecto, estar preparando una gran fiesta. No se hablaba de otra cosa, y llegó a tal punto que incluso mucha gente de la Morelos llegó a creer la versión como cierta. Muchas personas esperaban que en verdad se presentaran personajes como el indio Xolalpa, y llegaban incluso a actitudes tan absurdas como prepararse para pedirle autógrafos. Algunas de las chicas más guapas del barrio incluso consiguieron dinero para artilugios que las hicieran más bellas, con tal de «amarrar» a algún capo o narco de alto rango que se las llevara y las sacara de la «miseria». La Morelos era todo un espectáculo en esos días.

El secretario Javier Malpica tuvo conocimiento en pocas horas de la fiesta para Juan Tostado, e inmediatamente se comunicó con los altos mandos de la policía federal para montar un operativo y capturar a Juan Tostado y otros capos. Paralelamente telefoneó al Barrabás, el líder de los alfas, con quien acordaría la estrategia para enfrentar a las pandillas y a los Xolalpa. Ellos suponían que este sería el momento definitivo para deshacerse de ellos y apoderarse definitivamente de la Morelos, el barrio más combativo y de aguante en el primer cuadro de la Ciudad de México.

—¿Cómo andas, mi buen Barrabás? —saludó Malpica—. Supongo ya estás bien informado del aquelarre que se quieren aventar los mugrosos esos de la Morelos para recibir al mocoso ese del Juan Tostado, ¿verdad?

—Simón, mi estimado secretario Malpica, estoy enterado de todo —aseguró Barrabás—, y según sé, también van a andar por ahí los pinches sinaloenses. Entonces, pues tú dirás. ¿Cómo los torcemos? ¿Con mi gente la armamos o tú también le vas a entrar?

—Pues obvio que sí, cabrón —dijo Malpica—. Yo necesito justificar la violencia y todo el desmadre que vamos a armar para dejar bien cepillado ese barrio y controlarlo por fin. Vamos a usar como pretexto la captura de todos los cabecillas de la Morelos, comenzando por Juan Tostado. Vamos a tapizar de policías y militares ese pinche basurero, y poco a poco limpiaremos esa zona de la ciudad. El centro histórico y sus barrios aledaños serán poco a poco vendidos a la burguesía mexicana y gringa. Esos predios y terrenos que por ahora están llenos de pinches piojosos serán demolidos y se construirán edificios chingones para poner tiendas, bares, bancos, hoteles y restaurantes que harán de esa parte de la ciudad un lugar chingón y no un pinche nido de ratas como lo es hoy, y el único estorbo que tenemos son esas pandillitas y la pinche gente revoltosa que se pone al pedo por todo.

—¡Ah! Mira qué bien cuadradito tienes todo tu asunto —dijo sonriendo Barrabás—. Pinches cabrones que son ustedes los políticos, siempre lamiendo los huevos de los empresarios. ¡Ja, ja! ¡'Tá bueno, pinche Malpica! Pero obvio, toda la mierda la vamos a vender nosotros, ¿verdad? Quiero exclusividad para mi cártel. Quiero el monopolio en esta ciudad, ni un chingado sinaloense aquí. Tenemos un gran futuro que comenzaremos a escribir desde ya, así que, ¡arre, cabrón! ¡Consíguete toda la información y vámonos tendidos a partirles su madre a esos putos y a tomar el control de ese y de todos los barrios!

—Es un hecho, cabrón. Te doy mi palabra de que así será —le prometió Malpica—. Comienza nuestra era. Comienza el futuro y el progreso para nosotros y los nuestros, y a la mierda todos los demás.

Estaba completamente conformada la alianza entre gobierno y alfas. La intervención en el barrio sería un hecho con todas las fuerzas posibles.

Juan Tostado, por su parte, se reuniría un día antes del enfrentamiento con el Camaleón, el Rojo y el Guerrero. Todo estaba listo en la Morelos: el lugar, las posiciones, el armamento y las rutas de escape en caso de que las circunstancias fueran adversas. Solamente quedaba por definir el papel de los rojos y los Xolalpa, quienes tendrían un rol protagónico y decisivo.

—Pues ya quedó, carnales —dijo Juan Tostado —. La mesa está puesta. Solamente queda ejecutar a la perfección la estrategia y esperar que esos cabrones cometan los errores que les pronosticamos. Y, pues ya únicamente confirmamos posiciones con ustedes.

—Simón Juanito, —intervino el Pibe—, mis camaradas y yo vamos sobre los puercos y milicos. Nos apoyamos en ustedes los calavera y les vamos a hacer una fiesta. Ya verás que no sabrán ni cómo reaccionar ante el ataque que les tenemos preparado a esos pendejos.

—Por esos putos de los alfas no tengan cuidado, esos son nuestros —añadió el Camaleón—. El indio quiere que los hagamos mierda de una buena vez, y justamente eso haremos. Los vamos a sacar de tu barrio y de toda la ciudad. La capital será de los Xolalpa, y será el inicio del fin para esos cabrones. Poco a poco los vamos a borrar de toda la ciudad hasta eliminarlos por completo. Esa fue la misión que me encomendó el indio y la voy a cumplir o morir en el intento. Así será esto, mi buen Juan Tostado.

—Pues bien, señores, ya tenemos bien definido

todo el pedo —resumió el Guerrero—. Ahora solo falta esperar a que llegue mañana y que sea lo que los santos quieran. Suerte, cabrones, y muchos huevos. Nos vemos mañana.

13.
LA ACOMETIDA DE LA DIGNIDAD

Aquel día de diciembre se daría el más grande enfrentamiento entre pandillas, cárteles, policía y ejército en la historia de la Morelos y de toda la Ciudad de México. La expectativa estaba latente en ambos bandos y también, por qué no decirlo, el nerviosismo, mucho nerviosismo, pues a pesar del profundo odio que se denotaba, también existía respeto por el oponente. La gente de la Morelos parecía en el papel la víctima. Sin embargo, estaban curtidos, preparados más mental que físicamente para hacer frente a cualquier situación que atentase contra su dignidad.

A las 22 horas comenzó a darse el movimiento. Varias personas del barrio entraban a la bodega del mercado de Nacozari donde sería la supuesta celebración entre música salsera, globos con mensajes de bienvenida a Juan Tostado, mesas con botellas de tequila y un delicioso olor a comida típica mexicana como pozole, mole y tacos. Todo parecía muy normal. Desde dos horas antes, muchos miembros de las pandillas de la Morelos tomaron posiciones en los edificios, vecindades y comercios aledaños, así como en algunos locales dentro del mercado. Otros estaban disfrazados de meseros, garroteros y operadores de sonido, todos fuertemente armados. Las chicas de la Morena también lucían sus mejores galas, entre las cuales llevaban armas de fuego y punzocortantes.

Los «invitados» irían llegando y colocándose dentro del lugar en sus respectivas mesas, también con armas de todo tipo entre sus atuendos. Así fue como arribaron al lugar alrededor de las 23 horas los líderes de los calavera, de los molachos y de los calabazos, todos bien alerta y con sus respectivos elementos de retaguardia. Eran momentos de suma tensión. Los infiltrados del gobierno, distribuidos entre los invitados, daban detalle de cada movimiento a través de radio comunicadores y esperaban el momento de mayor distracción en la celebración para atacar.

En las calles aledañas a la Morelos se encontraban aproximadamente 300 soldados de fuerzas especiales del Ejército mexicano y unos 100 elementos de la Policía Federal, equipados con armamento sofisticado y entrenamiento contrainsurgente, incluidos dos helicópteros, varios vehículos blindados, armas de grueso calibre y gases antimotín. Únicamente esperaban la señal para ingresar al barrio y aprehender a todos los pandilleros posibles. Especialmente iban por Juan, el Guerrero, el Matador y el Picos, así como por cuanto sinaloense se les cruzara en el camino. Por su parte, unos 150 alfas también estaban a la espera de atacar en sincronía con la gente de Malpica. En sus camionetas blindadas llevaban todo tipo de armas largas y cortas, un arsenal como para terminar con una colonia entera. Se preparaba un verdadero pandemónium.

La gente de la Morelos comenzó a simular la diversión común. Entre baile, brindis y degustaciones culinarias transcurría la noche. Todo parecía de una calma pasmosa. Fue alrededor de la media noche cuando arribaron unos treinta miembros de los Xolalpa en un aparatoso dispositivo de seguridad, dentro del cual se encontraba un muy bien caracterizado doble del indio Xolalpa, quien bajó de una camioneta Mercedes Benz junto al Camaleón y escoltado fuertemente por todos los flancos. La gente de Malpica estaba convencida que se trataba del líder sinaloense y, sin más, dieron aviso a sus superiores de que era el momento preciso, ya que todos los importantes estaban dentro de la ratonera.

Los halcones montados por todas las azoteas observaron la movilización de la gente de Malpica y avisaron que estaban a minutos de entrar a la fiesta y abrir fuego. La sangre comenzaría a correr. Alrededor de las 12:15 entraron «burlando» el dispositivo de seguridad de las inmediaciones del mercado unos 150 hombres del ejército y la federal hasta el lugar donde estaban los objetivos, mientras el resto y los alfas esperaban la reacción desde afuera.

Al entrar se colocaron en distintas posiciones estratégicas para evitar fugas y contraataques, y dieron la orden a todos los asistentes de levantar las manos y no resistirse al arresto, mientras apuntaban sus armas hacia la mayoría de los hombres. Los líderes del barrio se colocaron juntos frente al hombre que dio las órdenes y, mirándolo firmemente, Juan Tostado le dijo:

—¡Chingas a tu madre! ¡Se acaban de meter al pinche infierno y van a salir quemados, hijos de su puta madre!

Antes de que los militares y policías pudieran abrir fuego, decenas de pandilleros se les adelantaron con todo tipo de armas de fuego. Invitados, meseros, mujeres, encargados de sanitarios, cantineros y todos en la fiesta comenzaron a acribillar a los oficiales. Únicamente unos diez pudieron evitar ser abatidos y tiraron sus armas en señal de rendición. Ante el avasallador sonido de la balacera, muchos de los soldados y federales que permanecían defendiendo la retaguardia intentaron entrar al lugar. Sin embargo, eso no fue posible, pues desde todos los edificios y casas cercanas comenzaron a dispararles, a la vez que de las calles salía unos treinta miembros de los rojos equipados con armamento ruso de alto poder. Los oficiales respondieron echando mano de sus mejores arsenales. Se desató una épica batalla entre anarco-comunistas y soldados en la calle de Nacozari.

Ante la noticia de lo que estaba sucediendo, los oficiales que seguían en espera a las afueras del barrio comenzaron a movilizar sus vehículos y los helicópteros para abrir fuego y capturar a todo aquel que no fuera uniformado. Los alfas también comenzaron a entrar en sus camionetas al barrio. Iban tras la cabeza del indio y todo sinaloense que encontrasen. El barrio se llenaba de violencia, era una sucursal del infierno. Por su parte, tras la masacre dentro de la fiesta, los hombres comenzaron a salir del mercado para hacer frente a lo que venía.

En las calles de Nacozari y Cananea el fuego era intenso. Los rojos hacían gala de la estrategia de guerrilla: emboscaban y se ocultaban entre los puestos ambulantes, los edificios viejos, las vecindades y los basureros. Los soldados trataban de resistir a la llegada de los refuerzos atacando a quienes podían observar. Varios jóvenes halcones fueron abatidos en este fuego. Alrededor de las 12:30, los calavera, los molachos y los calabazos se unieron a este tiroteo en las calles, mientras que la gente de los Xolalpa salió de este frente con dirección al eje, donde ya comenzaban a llegar los alfas. Ese frente sería un choque de trenes del narcotráfico mexicano.

En cosa de cinco minutos, la artillería pesada de los Xolalpa estaba disparando a toda potencia contra la gente de los alfas. El eje retumbaba como si se tratara de una trinchera de la Gran Guerra. Ambos bandos hacían gala de su capacidad destructiva, que incluía granadas, lanzamisiles, ametralladoras, fusiles kalashnikov AK 47 y todo tipo de pistolas de todos los calibres. El fuego cruzado era intenso y caían sicarios de uno y otro bando. La ferocidad y la sed de sangre de los alfas era análoga al pundonor y agallas de los sinaloenses. No se notaba un claro dominador del duelo. Lo único que se percibía era el olor a muerte y pólvora, y el miedo creciente entre los vecinos que cerraban como podían sus casa y procuraban no asomar ni las narices.

A las 12:40 los helicópteros lanzaron sus primeros disparos sobre las calles de la Morelos, logrando aniquilar a varias decenas de pandilleros. Eliminaron a los francotiradores de los edificios y vecindades. Sin embargo, no podían dar con los rojos, quienes eran singularmente escurridizos y tenían un envidiable tino con el que ya había acabado con tres docenas de militares y federales por lo menos. Los rojos eran como fantasmas en medio de la noche que no fallaban un solo tiro. Juan Tostado y los calavera se atrincheraron en uno de los edificios de Cananea, desde donde disparaban sin piedad a cuanto uniformado veían moverse. Los molachos se encargaron de resguardar a los «invitados» y las mujeres, que salían como podían del mercado con dirección a la vecindad de la calle Granada número 56, donde tenían más pertrechos que usarían en caso de ser acorralados. La gente del Picos trató de cubrir todas las entradas por las calles aledañas, donde tuvieron que hacer frente a los soldados que iban a reforzar a los que estaban siendo masacrados en Nacozari. Fue aquí donde se dio uno de los momentos más negros para el barrio en esa noche, pues los cholos, superados en número, estrategia y armamento, fueron brutalmente asesinados por el ejército, que disparaba incluso con dos bazookas directo a los homies del Picos. Prácticamente no dejaron a ninguno vivo, incluyendo a su líder, quien cayó víctima de un certero disparo en la frente que lo liquidó de forma instantánea. Unos cuatro lograron escapar con dirección al centro histórico. Los militares avanzaron a primer frente.

El tiroteo seguía intenso y ahora las cosas parecían revertirse, pues con la llegada de refuerzos, los militares y federales se veían fortalecidos. Incluso pudieron ingresar con sus vehículos blindados y sus helicópteros no cesaban el fuego. Para los calavera era cada vez más complicado contener y aguantar desde el edificio. Los rojos estaban agotados y sus municiones casi habían sido completamente usadas. Además, muchos pandilleros ya habían sido abatidos, y el ejército se notaba estable. Tenía armas y los refuerzos se notaban en perfecto estado. Solamente quedaba la esperanza eterna del barrio: el barrio mismo.

La policía federal logró entrar al edificio de Cananea donde se encontraban atrincherados los calavera y, ante la superioridad numérica, fueron arrinconados. Matehuala dijo a Juan:

—Wey, salgan del edificio. Yo, junto con algunos cabrones, me encargo de detenerlos, pero váyanse y reorganícense con el Matador.

—¡No mames, mate, te van a chingar! —exclamó Juan Tostado—. Mejor nos quedamos todos, y es más probable que la chispemos.

—No, wey —le contradijo Materhuala—. Tú

bien sabes que aquí ya valió verga. O se van ustedes o nos chingan a todos. No seas pendejo y no hagas que las vidas de la banda que hoy se han sacrificado sean en vano. Carnal, yo prometí que te cuidaría la espalda y eso estoy haciendo, así que llégale y échale huevos para que les partan la madre a estos culeros. ¡No podemos perder, wey! ¡Es ahora o nunca!

—Tiene razón el mate —convino el Guerrero—. Vámonos a la chingada ahorita que se puede. Hay que reorganizar a los que quedan. Es la única forma de salir de esta, Juan.

—No mames, Guerrero —protestó Juan—. ¡No puedo dejar a mi carnal!

Matehuala, visiblemente desesperado, tomó su pistola, disparó cerca de Juan y le dijo:

—Cabrón, si no te vas de aquí, yo mismo te voy a matar. Entiende, wey, eres más útil afuera que aquí. Llégale, que ya van a llegar esos putos.

Juan entendía perfectamente que sería la última vez que vería a su entrañable amigo de infancia y en esos pocos segundos intercambiaron la última mirada, en la cual se recorrieron más de dieciséis años de amistad y cientos de vivencias. Juan apretó la mano de Matehuala y le abrazó diciéndole:

—Suerte, mi hermano, a donde quiera que te dirijas, y no es un adiós, es un hasta pronto. Nos veremos pronto.

Matehuala, junto con el resto de los calavera, resistieron en el sexto piso y, cuando llegaron los elementos del ejército, comenzaron un tiroteo en el que fueron abatidos todos los pandilleros. El Guerrero, Juan, el Camello y otros seis calavera salieron de aquel edificio deslizándose por entre el muro de las tuberías y, sin ser vistos, lograron salir y llegar a la vecindad de Granada, donde ya los esperaba el Matador con sus hombres y las chicas de la Morena dispuestos a pelear. Así mismo, varios adolescentes que habían sido víctimas de la Mara Salvatrucha y aún tenían tatuadas las insignias de dicha clica en la cara y cuerpo se unieron a la resistencia con un estoicismo que nadie imaginaba.

Era ya la 1:15, y el ejército parecía haber tomado el control del barrio. Los rojos se encontraban ya completamente desarmados. Como podían tomaban el armamento de los caídos, pero su única salida por ese momento era esconderse y huir o entregarse, y fue en ese instante cuando el Pibe, que estaba junto a uno de sus hombres de mayor confianza apodado el Sidorenko, le dijo:

—Camarada, aquí es donde comienza la praxis gramsciana. El comunismo es esencialmente empatía y sacrificio, y la única forma en la que podemos ayudar a los camaradas del barrio es dándoles minutos y espacio para que se reorganicen, así que nos vamos a entregar.

—¿Estás seguro, Pibe? —preguntó Sidorenko—. Nos van a llevar a cárceles de máxima seguridad como presos políticos, nos van a torturar y quizá a varios de nosotros nos van a matar. ¿Vale la pena el sacrificio?

—El sacrificio de una o dos vidas siempre valdrá la pena cuando este sea a cambio del bien común —declaró el Pibe—, cuando este permita a las masas acceder a una mejor vida, y estoy seguro que, si hoy este barrio gana, esta lucha tendrá replicas en muchos otros y quizá, solo quizá, estemos cerca de un cambio a gran escala. Además, mi hermano, estamos ante la verdadera lucha de clases, y nosotros por y para eso vivimos. Sin embargo, no quiero obligar a nadie. Yo me entregaré y eso distraerá y relajará al ejército, quien tendrá que movilizar elementos para trasladarme, con lo cual el barrio ganará tiempo, que es lo único que les puede dar una esperanza de ganar. Así que quien quiera puede irse. Se acabó, camaradas.

El Pibe salió de su escondite con las manos en alto, dando a conocer que se estaba entregando. De pronto, de muchos escondites salieron todos los rojos haciendo la misma señal de paz mientras entonaban el himno de la Internacional Comunista. Los soldados se acercaron rápidamente para capturarlos y someterlos. Todos fueron subidos a las unidades y en minutos fueron llevados presos. Efectivamente, y tal como lo pronosticó el Pibe, esto dio minutos a Juan Tostado para armar a su gente y planear qué hacer. Así mismo, por lo menos dos decenas de soldados se retiraron con los rojos.

El ejército y los federales buscaban por todos lados a los pandilleros. Allanaron comercios, viviendas y cualquier rincón donde se pudieran esconder. Juan Tostado y el Guerrero indicaron que sería su última ofensiva y tendrían que dejar todo en ella, no importando que fueran superados en número. Era el momento de darlo todo o morir. Así, los molachos, los calavera, las chicas del arrabal y los marcados por la mara salieron a enfrentar a los soldados y federales en la calle de Cananea. Varios disparos de ambos bandos fueron dejando bajas. Sin embargo, eran más los caídos de la Morelos. De pronto, un solvente disparo provocado por un lanzamisiles dio en uno de los helicópteros, derribándolo sobre el eje. Los Xolalpa estaban atacando esos objetivos. Minutos más tarde, un disparo de bazooka dio en el segundo artefacto volador, enviándolo directo contra un edificio de la calle Tenochtitlán. Comenzó un incendio en esa zona.

En el eje, los Xolalpa prácticamente habían liquidado a los alfas. La gran mayoría estaban muertos y los muy pocos sobrevivientes estaban ya en manos de los sinaloenses. Cuando el cártel se dirigía a reforzar a las pandillas de la Morelos, se comenzó a escuchar un tumulto de gente proveniente de la avenida circunvalación. Cuando se pudo constatar de qué se trataba, los Xolalpa observaron a cientos de cholos que llegaban en apoyo a la Morelos. Al llegar con el cártel, estos los armaron con el arsenal de los alfas y juntos se dirigieron rápidamente a Cananea, donde la situación era bastante complicada todavía.

Alrededor de la 1:30 por fin llegaron los refuerzos sinaloenses y cholos a atacar al ejército. Los Xolalpa dispararon sin piedad sus poderosas armas, los cholos hicieron segunda, la policía federal ordenó su retirada y, cuando se disponían a huir por la calle Granada, cientos de personas del barrio que habían salido de sus casas atacaron a los policías, quienes pedían paz tirando sus armas al suelo. Sin embargo, no hubo piedad hacia ellos. La gente los desnudó, los golpeó y finalmente los asesinó, unos a golpes, otros quemados y otros más a balazos. El ejército fue hecho pedazos por la coalición en poco menos de ocho minutos. Después de estos hechos, la gente huyó a sus casas escondiendo a los cholos y a los pandilleros. El cártel de los Xolalpa se dispuso a huir en sus vehículos, recomendando a Juan y al Guerrero salir con ellos, pues seguían siendo objetivo del Estado. Ambos calavera accedieron y salieron del barrio junto a los sinaloenses…

El fuego había cesado.

14.
EL BRÍO SE VOLVIÓ CÓLERA

A la mañana siguiente, Juan y el Guerrero fueron trasladados en un avión privado del cártel hacia Sinaloa, a una de las casas de seguridad del indio donde este los esperaba. El argumento del traslado fue su propia seguridad, pues eran los primeros objetivos después de tal masacre. Ambos calavera encontraron lógica y, sobre todo Juan Tostado, no tenía por qué desconfiar de los buenos oficios de su viejo amigo y protector que hasta ese momento seguía siendo una especie de ángel de la guarda, pues de no haber sido por la intervención sinaloense jamás hubiesen podido vencer.

Llegaron a la casa del indio quien, fiel a su costumbre hospitalaria y carismática, los recibió con todos los honores. Al ver a Juan, ambos se fundieron en un abrazo que, sin duda, despedía calidez y una imagen hasta paternal por parte del indio. Tras ese saludo, el indio se dirigió al

Guerrero y también le dio un amistoso y cordial saludo, haciéndole saber que se sentía muy feliz de tenerlo ahí.

—Siéntanse bienvenidos, chicos —saludó el indio Xolalpa—. Bueno, Juan, tú sabes que esta es tu casa, y tú, Guerrero, es un verdadero placer conocerte. Había escuchado muchas cosas de ti, tanto por este chaval como por mucha gente de la capital. Todo el mundo habla maravillas de ti y a mí siempre me ha gustado rodearme de gente cabrona, así que para mí es un honor conocerte.

—El honor es todo mío al tener frente a mí al más importante narcotraficante, no de México sino del mundo —respondió el Guerrero.

—Bueno pues entonces estamos a mano con el gusto —dijo el indio Xolalpa—. Pues primero lo primero: ¿qué les sirvo, un coñac, un whisky, un tequilita? Anden, cabrones, no se hagan de la boca chiquita, porque tenemos mucho que celebrar con la chinga que les pusimos a los alfas y al pinche gobierno. Ayer me dieron todos los detalles del pedo y permítanme felicitarlos, son ustedes unos pinches perros, lo mismo su gente. Su barrio efectivamente es sumamente bravo, pero anden pues, chínguense una copita.

La servidumbre del indio sirvió tragos para los tres, quienes platicaron por espacio de diez minutos sobre todo lo acontecido la noche anterior. Seguido a la charla, el indio le preguntó a Juan:

—¿Y qué pasó, Juanito? ¿Qué sigue ahora? Por ahí me dijeron que ya no querías seguir en el negocio, ni con la pandilla ni con el cártel. Entonces, ¿qué chingados tienes planeado de tu vida?

—Pues sí, te dijeron bien, indio —respondió Juan Tostado—. Mi idea ahora es dedicarme a otras cosas. Quiero ser guerrillero. Quiero chingar al Estado, pero no solamente a plomazos, sino que quiero desmadrarlo desde la intelectualidad también. Quiero darle golpes más certeros y letales, y eso solamente lo podré conseguir si me ilustro. Quiero terminar la escuela, indio, y si se puede, hacerlo junto a mi hermana. Quiero irme a Cuba. Allá hay contactos, tanto tuyos como de los rojos, quienes me dieron varios nombres de gente allá.

—Ah, pues eso me parece muy bien, Juanito —asintió el indio Xolalpa—. Siempre ha sido mejor vida la del estudio que toda esta mierda, y pues tú estás chavo, y aún a tiempo de enderezarte. Además, amigos intelectuales nunca sobran, carajo. ¿Y cuándo te piensas ir, chaval?

—Pues mi intención era irme rápido —dijo Juan—, antes de que se ponga más caliente la cosa, en estos días. De hecho, debe ser lo más pronto posible, porque hay que ver cómo ayudaremos al Pibe y a los rojos que se entregaron, según me dijeron algunos halcones.

—Me parece bien que todo lo quieras hacer en caliente, pues por los rojos no te apures —dijo el indio—. Ya veré cómo les echo la mano. Han sido muy funcionales esos cabrones. Sin embargo, hay un pequeño detalle contigo y con el Guerrero.

—¿Un detalle? ¿A qué te refieres, indio? —preguntó Juan Tostado.

—Sí, Juanito, un detalle que espero no hayas olvidado, porque yo no lo he hecho —dijo el indio Xolalpa—. Pues cuando estuviste en el reclusorio Norte conociste a mi gran amigo y compadre el Hércules. Seguro lo recuerdas, ¿verdad? Y por ahí me dijeron que pues te lo chingaste, cabrón, y eso no está bien, Juanito. Yo apreciaba muchísimo a ese cabrón. Imagínate, crecimos juntos. Desde niños cuidábamos vacas en Guamuchil y juntos fuimos creciendo en este negocio, hasta que nos hicimos grandes capos y yo le juré que lo sacaría de la cana, pero pos resulta que te me adelantaste y me mataste a mi compadre, y eso, Juan Tostado, eso me tiene muy, pero muy encabronado.

Juan Tostado se puso muy nervioso y tenso. Volteó a ver al Guerrero, quien estaba inmutado ante las palabras del indio y continuaba sentado, escuchando con atención al capo. Juan, con voz entrecortada y temblorosa, respondió:

—Lo sé, indio, y va a sonar a pendejada, pero neta que yo no fui. Fue otro culero durante la pelea de internos. Por los santos que yo no me chingué al Hércules. Al Carranza sí, la neta, y a ese wey lo maté por robarle al cártel, pero no a tu compadre. A ese wey no le hice nada.

—Pues a mí no me jures ni madre, Juanito —dijo el indio Xolalpa—. Lo hecho ya fue hecho y no se puede reparar. Yo, la verdad, no tengo nada contigo. Es más, mi aprecio por ti es el mismo que la vez que me salvaste la vida, y por esa razón respetaré tu vida. Además recuerdo que cuidaste de mi princesita y también te lo agradezco, y por tal razón he cuidado y seguiré cuidando de tu carnalita, porque soy un cabrón de huevos y de palabra, pero también soy un hombre justo, y al que no le gusta que se pasen de lanza y menos que lo quieran chingar de cualquier forma posible. Y pues tú me chingaste, tú me quitaste a uno de los pocos amigos que me quedaban en la vida, así que tú bien sabes que en este mundo los hombres cobramos las facturas como hombres, al precio y sin sacar ventaja. Así que te cobraré esa copa, Juanito. Con la pinche pena del mundo te tienes que educar y saber que no puedes andar haciendo pendejadas y no ser corregido.

—No mames, indio —dijo Juan Tostado—. Aguanta, ¿qué es lo que quieres hacer? No seas mamón, déjanos ir, wey. Neta que no volverás a saber de nosotros.

—Cállate, Juan —interrumpió el Guerrero—. No estés lloriqueando como pinche niña. Deja que el indio termine. De una buena vez, indio, da tu sentencia y de una vez cúmplela, cabrón.

—No cabe duda que todo lo que escuché de ti era verdad, Guerrero —dijo el indio—. Eres un verdadero cabrón y tienes lo que a este pendejo aún le falta. Tú mejor que él ya sabes lo que va a suceder y sigues tan cabrón, tan tranquilo, tan huevudo que de verdad, mano, tienes todo mi respeto y será un honor saber que algún día estuviste en mi casa y tomaste una copa conmigo. Créeme que en mi familia y en mi cártel siempre serás honrado como el chingón que eres.

—Como sea, indio, dejémonos de tanta palabrería —cortó el Guerrero—. ¿Pa' dónde jalo?

El Guerrero se levantó del sillón en el que estaba, se despojó de su chamarra de piel, prendió un cigarrillo y dio un profundo trago a su copa. Dejándola vacía, dio la media vuelta y se dirigió a un balcón que daba una espectacular vista de la sierra sinaloense con su inmensa vegetación, troposfera azul y concierto de fauna que le dieron unos segundos de paz. No volvió a decir una palabra…

Cuando Juan trató de ir a donde estaba el Guerrero, fue sometido por dos sicarios del indio. El capo sacó su 38 milímetros bañada en oro y empedrada en diamantes y se acercó, apuntando a la nuca del Guerrero, y le dio un letal tiro que al instante le arrebató la vida. Era el fin del último pionero de los calavera. El Guerrero cayó por el balcón aproximadamente unos veinte metros a un acantilado, de donde su cuerpo inerte no fue retirado y horas más tarde sería devorado por los zopilotes.

Juan Tostado dio un grito desgarrador al observar caer muerto a su maestro, mentor, protector, consejero y amigo. Sin embargo, no pudo moverse, pues lo tenían perfectamente sometido. Después de disparar, el indio tiró su arma y secó su sudor con un pañuelo mientras daba un trago a su tequila y se decía a sí mismo:

—¡Qué lástima que weyes con tantos huevos y dignidad tengan que morir así por pendejadas!

—¡Chingas a tu puta madre, indio! —le gritó Juan Tostado—. Te pasaste de verga. ¿Por qué le hiciste eso al Guerrero? Me hubieras matado a mí, ese wey no te hizo nada.

—Ya cállate, pendejo Juan —le ordenó el indio Xolalpa—. No te das cuenta que ese cabrón te acaba de salvar. Ese wey te acaba de regalar su vida, te dio una nueva oportunidad. No sigas haciendo pendejadas y honra la memoria del Guerrero. Apréndele algo y deja de ser tan pendejo en esta vida. En unas horas te voy a mandar con tu hermana a Cuba, y no quiero volver a saber de ti.

—No mames, indio, no mames neta —dijo Juan Tostado, envuelto en llanto—. ¿Por qué al Guerrero? ¿Por qué al mejor hombre que he conocido en mi puta vida?

—Porque solo un cabrón de ese tamaño era capaz de darte vida a ti y a tu hermana juntos —dijo el indio Xolalpa—. Pero bueno, Juanito, ha llegado el momento de despedirme de ti. Ha llegado el momento de que inicies de nuevo y de que te olvides de toda la mierda. Pero antes te dejaré un recuerdo para que nunca olvides que no debes volver, para que no cometas los mismos errores que has cometido hasta hoy, para que cada que te mires sepas que esta mierda no te dejará nada, absolutamente nada más que dolor, sufrimiento y desdicha. Cada vez que te mires, te acordarás que en este mundo todo es ojo por ojo y diente por diente, y ya no te dará la oportunidad de que vuelvas a cometer errores, porque uno más y no volverás a ver la luz.

El indio Xolalpa se dirigió a Juan, a quien tomaron fuertemente de la cabellera exponiendo el rostro al indio. Este, con una navaja sumamente afilada, extrajo el ojo derecho de Juan Tostado quien, ante tal dolor, no resistió y cayó desmayado.

Juan Tostado fue curado esa misma tarde por el

personal médico particular del indio Xolalpa, quien ordenó que se le pusiera por la noche en un avión privado con destino a la Habana. Allí sería recibido por su hermana Carmelita, la cual fue notificada que su hermano iba en camino. El avión partió el 22 de diciembre del 2001 a las 23 horas, y fue la última vez que se supo del hijo pródigo de la Morelos.

Las cosas en la colonia Morelos se calmaron por varios meses. El Estado entendió que sería un hueso durísimo de roer y dejó por la paz ese asunto. El cártel de los Xolalpa tomó el control del narcotráfico en la ciudad, pues los alfas se concentraron en el golfo. La Morena, el Matador y el Camello se convirtieron en los líderes del barrio, y eran queridos y respetados por todos. Finalmente, al Pibe y a los rojos les imputaron delitos de terrorismo, homicidio, delitos contra la salud, secuestro y perturbación de la paz pública, por lo que se les condenó a 60 años de prisión en la cárcel de máxima seguridad del Altiplano...

En la Morelos nada volvió a ser igual.

GLOSARIO DE
TÉRMINOS Y EXPRESIONES

Buscas las camisas con tu dicho o frase favorita en
https://www.shop.lashistoriasdelaciudad.com/

A huevo: Respuesta afirmativa
A toda madre: Muy bien
Al tiro: Atento
Atoro: Participo
Bazukazo: Cigarrillo de cocaína
Billetudos: Adinerados
Borrego: Traidor
Buenas: De buen físico
Cabrón: Sustantivo
Cabrones: Importantes/Amigos
Cagada: Porquería
Cagar: Cometer error
Caguama: Cerveza grande
¿Cámara?: ¿De acuerdo?
Cana: Cárcel
Cantón: Casa
Caquear: Robo
Carnales: Hermanos
Comiendo el mandado: Traicionando
Congales: Prostíbulos
Cruda: Resaca
Cuadrar: Respetar
Cuatrote: Trampa
Culero: Problemático
Chafa: De mala calidad
Chamaco: Niño
Chamba: Trabajo

Buscas las camisas con tu dicho o frase favorita en
https://www.shop.lashistoriasdelaciudad.com/

Buscas las camisas con tu dicho o frase favorita en
https://www.shop.lashistoriasdelaciudad.com/

Chambear: Trabajar
Chance: Oportunidad
Chavo: Hijo
Chido: Agradable
Chinga: Dificultad
Chingón: Muy agradable
Chingamos: Trabajamos/Logramos/Molestamos
Chingao: Expresión de descontento
Chingar: Afectar
Chingarle: Trabajar
Chingo: Mucho
Desmadrar: Golpear
Desmadre: Desorden
Escuincle: Niño
Feria: Dinero
Forje: Tamaño
Fregada: Inservible
Gacho: Desagradable
Guaguara: Hablador
Húbole: Hubo
Huevos: Valor
Jalamos: Vamos
Jalar: Juntar
Jale: Negocio /Trabajo
Jefa: Madre
Jefe: Padre
Jodido: Pobre
Lamer huevos: Lambisconería
Lana: Dinero
Leña: Leal

Buscas las camisas con tu dicho o frase favorita en
https://www.shop.lashistoriasdelaciudad.com/

Buscas las camisas con tu dicho o frase favorita en
https://www.shop.lashistoriasdelaciudad.com/

Llevar la chingada: Ir mal
Machín: Mucho
Madrazos: Golpes
Mamadas: Tonterías
Menear: Dirigir
Micha: Mitad
Mierda: Malo
Mi´jo: Mi hijo
Morro: Niño
Neta: Verdad
Ni madres: Nada
Onda: Situación
Órale: Está bien
Paro:Ayuda
Partir madres: Vencer
Pedo: Problema
Pendejadas: Tonterías
Pendejo: Tonto
Picando los ojos: Traicionando
Pinche: Adjetivo que sobaja
Ponerme: Delatarme
Puñales: Cobardes
Putada: Prostitución
Putazos: Golpes
Putiza: Difícil
Rifar: Hacer bien un trabajo
Rol: Viaje
Talonear: Robo sin violencia
Torcidos: En problemas
Tranza: Respecto a

Buscas las camisas con tu dicho o frase favorita en
https://www.shop.lashistoriasdelaciudad.com/

Buscas las camisas con tu dicho o frase favorita en
https://www.shop.lashistoriasdelaciudad.com/

Trucha: Atento
Tumbamos: Derrotamos
Un cuatro: Trampa
Valer madres: Fracasar
Varo: Dinero
Volar: Matar
Voltear bandera: Traicionar
Wey: Sustantivo

Buscas las camisas con tu dicho o frase favorita en
https://www.shop.lashistoriasdelaciudad.com/

LAS HISTORIAS DE LA CIUDAD

El mundo no es blanco y negro como las páginas de este libro.
Es de color gris. El bien y el mal aparecen muy borrosos
cuando la espalda está contra la pared. Como reaccionas ante la
adversidad, determina gran parte de tu destino.
Si, controlas tu destino, ¿qué vas a elegir?
El poder real viene con opciones y es por eso que el
conocimiento es poder. El mundo es grande, pero si no sabes
qué opciones existen más allá que las de tu área inmediata, no
tienes muchas opciones. Todo y todos están conectados de
alguna manera. Nuestra misión es conectar y comunicar para
crear un mañana mejor para todos y
cada vida que tocamos.

**Nos gustaría aprovechar esta ocasión para invitarle a
visitarnos en http://www.lashistoriasdelaciudad.com/**

**Manténgate en contacto con LHDLC y
Únete a nuestra lista de email en
http://www.lashistoriasdelaciudad.com/contact-us/**

The House of Randolph Publishing, LLC
1603 Capitol Ave.
Suite 310 A394
Cheyenne, Wyoming 82001

Email: info@lashistoriasdelaciudad.com

Phone #: 954.603.3036

LIBROS DE LHDLC

Por qué prefiero ser un narco 1-5
Escritor: **Joaquín Matos**

La vida de Luis Restrepo, traficante de drogas en la frontera colombo-venezolana, se complica por momentos. La cocaína, las mujeres y los cárteles rivales convierten su existencia en una espiral de autodestrucción de la que no es capaz de salir.

Un traqueto no se fía de nadie. Un traqueto no descansa, solo quiere billete para darse la vida, oler unas líneas y tener todas las mujeres que desea. Pero esta mezcla explosiva puede llevarlo al borde de la locura e incluso acabar por matarlo.

Amor ciego, justicia ciega
Escritor: **J.C. Solas**

Lila es joven, hermosa y luchadora, con fuertes ideales de justicia incrustados en su corazón. Luego de atravesar por trágicos y dolorosos eventos familiares, se verá envuelta en toda una maraña tejida con dinero, poder, influencias, riqueza y mentiras. Alguien de su pasado volverá -inesperadamente- a su vida para cambiarla por completo y para siempre.

SOBRE EL AUTOR

Diego Castillo es escritor promesa oriundo del Estado de México. Se crió en un humilde barrio a las afueras de Tlalnepantla dónde vivió una infancia difícil junto a su mamá y sus cuatro hermanos. Cuenta que uno de sus mayores logros fue haber entrado al CCH a estudiar, ya que aseguró un lugar en la prestigiosa Universidad Nacional Autónoma de México. Tras haber terminado sus materias en la carrera de Letras Hispánicas en la UNAM, se propuso escribir su tesis sobre el narcotráfico y el crimen organizado en México. De esta investigación salió el material que Diego Castillo plasma en estas páginas. Su pasión por el tema y las interesantes anécdotas que recolectó en sus frecuentes viajes por el país dieron como resultado esta intrigante historia.

Más información disponible sobre Diego en
http://www.lashistoriasdelaciudad.com/escritores